SOMMAIRE

Introduction

Choisir son terrain de jeu

Quels que soient vos possibilités et vos choix, commencez modestement pour tester vos envies et vos capacités à mener à bien votre potager. Au jardin, évitez la pleine terre qui demande de préparer le terrain en profondeur et optez de préférence pour un ou deux bacs surélevés de taille modérée. Ils sont faciles à remplir et à utiliser et rendront la terre moins basse.
Sur vos fenêtres et terrasses, deux ou trois pots vous feront découvrir le potager en peu de temps et peu d'investissement. En goûtant au plaisir de récolter, peut-être aurez-vous envie d'agrandir votre surface de jeu.

Choisissez avec attention l'exposition de vos plantations, car le soleil, avec sa chaleur et sa lumière, est un allié indispensable pour votre potager.
Les fruits et légumes ont besoin de lui pour croître et atteindre leur maturité, même si certains, comme les légumes-feuilles, certains légumes-racines ou différentes herbes aromatiques peuvent se contenter d'une ombre relative.
Retenez qu'il est plus facile de couvrir un endroit trop ensoleillé, et installez vos pots, balconnières et bacs en évitant les expositions trop ombragées (plein nord).

Définir ses cultures

Avant d'entreprendre vos plantations, projetez-vous en vous demandant quels sont les fruits et légumes que vous avez envie de cultiver, ainsi que ceux que vous aimez manger.
Mais n'oubliez pas que certaines cultures sont plus faciles à réaliser alors que d'autres sont plus aléatoires et demandent plus de temps et d'efforts. Ainsi, pour commencer, vous pouvez vous lancer dans des plantations simples qui poussent rapidement ou qui ont de belles rentabilités, comme la carotte, le radis, les salades, la tomate et la courgette… ou miser sur les vivaces qui repoussent d'une année sur l'autre, comme les fraises, les framboises, le thym et le romarin… pour avoir le plaisir de récolter vite et sans trop de risques.

N'oubliez pas que plus vous étalez vos travaux et vos récoltes dans le temps, moins vous aurez de tâches à réaliser en même temps et plus vous pourrez profiter de vos fruits et légumes en cuisine.
Pour mener à bien votre projet, composez-vous un calendrier du potager. Il vous permettra d'avoir une vision sur les achats de graines ou de plants à effectuer, sur la planification de vos semis, sur la préparation de vos espaces potagers, sur les cultures demandant des semis échelonnés, ou sur les temps des récoltes…
Prenez également en compte vos propres disponibilités et vos périodes d'absence (par exemple, si vous avez prévu de poser des vacances pendant la récolte des tomates au mois d'août) afin de pouvoir tout anticiper.
Conservez précieusement votre calendrier d'une année sur l'autre. Il vous permettra d'ajuster vos cultures futures et de procéder à leurs rotations pour éviter d'épuiser les sols.

Semer ou planter ?

Chaque jardinier, face à son futur potager, se pose cette question avant de se lancer : est-ce que je vais utiliser des graines, des plants ou finalement les deux ?

Les graines offrent un très large choix de variétés. Vous pourrez, par exemple, trouver des centaines de types de tomates, de choux ou de courges, à un coût bien moindre que celui des plants. De plus, un seul sachet de graines vous permettra de mener de nombreuses cultures et de les étaler facilement le long des saisons, voire sur plusieurs années.
Par contre, les semis de graines vont demander plus de temps et de place que les plants. Il faudra commencer beaucoup plus tôt vos cultures, le temps que les graines poussent et puissent être mises en pleine terre. Il faudra aussi leur consacrer un endroit où vous pourrez entreposer bacs ou godets et qui devra tenir compte de la température et de l'humidité nécessaires pour mener à bien vos semis.

Les plants font gagner un temps précieux et permettent de vous lancer dans votre potager beaucoup plus tard dans la saison. Ils se mettent en place plus facilement. Pas besoin de repiquages parfois risqués, il suffit souvent de sortir le plant de son godet pour le mettre en pleine terre.
Par contre, leur prix est incomparablement plus élevé que celui des graines et les variétés de plants beaucoup plus limitées.
Notez qu'il n'est pas aisé de trouver des plants en tout début ou en toute fin de saison, et qu'il vous sera donc plus difficile d'étaler vos cultures.

Si semer ou mettre en pleine terre des plants déjà prêts sont les principales manières de cultiver au potager, elles sont loin d'être les seules.
Vous pouvez faire germer des morceaux de pomme de terre ou de patate douce, diviser du thym pour le multiplier et, pourquoi pas, le partager, bouturer des tiges de menthe dont les feuilles ont été utilisées pour les replanter ensuite. Et avec un peu plus d'expérience, vous pourrez même marcotter du romarin !

Économiser l'eau

S'il y a bien un conseil à suivre à la lettre en matière d'arrosage de potager, c'est celui de veiller à arroser toujours au pied des plantes, sans mouiller le feuillage, sous peine de favoriser les maladies.

L'eau est indispensable à la croissance des fruits et légumes, et avec quelques gestes simples, il est possible d'économiser cette ressource :

• Récupérez l'eau de rinçage ou de cuisson de vos légumes pour ensuite arroser votre potager.
• Mettez en place des bacs de récupération d'eau à l'extérieur pour récolter les eaux de pluie.
• Paillez vos plantations pour espacer les arrosages et pour garder de l'humidité au pied de vos cultures (la paille se trouve en jardinerie ou chez certains agriculteurs bio ; les feuilles séchées peuvent aussi faire office de couverture efficace).
• Privilégiez un arrosage tôt le matin ou tard le soir et évitez de le faire en plein soleil ou sous les grosses chaleurs de l'après-midi pour que l'eau ne s'évapore pas trop rapidement.
• Utilisez le strict minimum d'eau et contrôlez votre consommation, avec l'installation d'un système d'arrosage goutte à goutte ou en mettant en place des Oyas faits maison, par exemple.

Préserver la biodiversité

N'oubliez pas que les fruits et légumes que vous allez récolter vont aller directement dans votre assiette. Pour votre santé, adoptez les bons gestes et évitez autant que possible les intrants et engrais chimiques. Il existe en effet de nombreuses solutions naturelles et peu coûteuses pour amender, protéger ou traiter vos plantations.

Le compostage recycle les déchets végétaux de votre cuisine pour obtenir un terreau riche en micro-organismes qui vous permettra d'enrichir vos sols. Il y a aujourd'hui des bacs de compostage qui s'adaptent à votre mode de vie, que vous soyez en appartement ou en maison avec jardin.

Les purins et les décoctions sont très simples à préparer, et sont utiles pour éloigner les parasites et les maladies ou pour favoriser le développement de vos cultures : les purins d'ortie ou de consoude seront vos meilleurs amis pour apporter des nutriments ; la décoction d'ail sera parfaite pour éloigner les pucerons.

D'autres déchets organiques issus de votre cuisine peuvent être utilisés très simplement au potager. C'est le cas du marc de café au pied des plantations qui va écarter certains nuisibles, des coquilles d'œufs séchées qui vont servir de barrière contre les limaces ou d'un restant de bière qui les attirera loin du potager, par exemple.

Les fleurs ont aussi leur place au potager, ne serait-ce que pour le plaisir de les admirer et de humer leur parfum. Mais si vous les sélectionnez avec soin, elles deviendront de précieuses alliées en séduisant bon nombre d'insectes utiles. La lavande, le tournesol ou la bourrache vont charmer les pollinisateurs, tels que les abeilles, les papillons et les bourdons. Les capucines ou les orties seront des hôtes de choix pour les coccinelles. Certaines fleurs comme l'œillet d'Inde pourront vous aider à lutter contre des maladies telles que le mildiou.

Notez que certaines associations de fleurs, de cultures et d'herbes aromatiques permettent également de favoriser la productivité de vos récoltes et de les protéger des nuisibles. Dénommée « compagnonnage », cette technique consiste à fournir un meilleur environnement à vos plantations.

Enfin, gardez à l'esprit que toute votre récolte ne vous sera pas entièrement réservée. Les oiseaux, les limaces, les rongeurs ou encore les cloportes, par exemple, viendront manger dans votre potager une partie de votre production, et même si ça peut paraître frustrant, ils ont une place importante dans la réussite de vos cultures, alors autant prévoir leur part dès les plantations !

Savourer son potager

Le potager est un lieu de partage par excellence. Partage de graines, de semis, de plants ou de récoltes lorsqu'on a des surplus, ce sont autant d'occasions de rencontres, de réflexions et d'échanges avec d'autres passionnés.

Mais cultiver son potager, c'est également découvrir ou redécouvrir la saisonnalité des fruits et des légumes, se rapprocher des produits locaux et peut-être aussi commencer à repenser sa consommation pour ne plus acheter de fraises en janvier ou de courgettes en décembre.
Notre attention pourrait ainsi s'élargir à de nombreux autres ingrédients tributaires eux aussi du fil des saisons.
Les fromages de chèvre, les champignons, les poissons et les fruits de mer, par exemple, ont une saisonnalité et ne devraient pas être disponibles pendant toute l'année pour peu qu'ils ne soient pas issus de filières d'élevage ou ne viennent pas du bout du monde.

Enfin, cultiver son potager, c'est évidemment se régaler avec de bons fruits ou légumes fraîchement récoltés et gorgés de saveurs et de soleil.
Lorsque les récoltes abondent, plusieurs solutions s'offrent à vous pour conserver vos excédents de fruits et légumes comme la stérilisation en bocaux, la lacto-fermentation, la déshydratation ou bien encore la congélation.

Et pour pallier le manque d'inspiration que vous pourriez rencontrer en cuisine, nous vous invitons à parcourir nos 60 recettes simples et gourmandes.

Lexique du potager

Amender : enrichir la terre par un apport de compost, d'engrais, de fumier.

Bouturer : couper une partie de la plante que l'on remet en terre, dans un godet ou encore directement dans de l'eau afin de la faire repousser. La menthe est une des cultures qui se bouture le plus facilement.

Butter : ramener de la terre au pied d'une plante de manière à former une petite butte.

Compost : le compostage consiste à laisser se décomposer dans un contenant les déchets organiques (épluchures, marc de café, coquilles d'œufs) de la cuisine et les déchets verts du jardin (feuilles mortes, tontes de pelouse) jusqu'à ce qu'ils se transforment en terreau.

Décoction : elle s'utilise comme traitement, protection ou engrais au potager.

Pour réaliser une décoction d'ail, faites bouillir des gousses d'ail hachées pendant 20 minutes puis laissez refroidir avant de filtrer et de verser dans un vaporisateur. On fera de la même façon d'autres plantations.

Éclaircir : retirer les plants les moins vigoureux qui ont poussé après semis afin que les plants restants puissent se développer.

Lacto-fermentation : technique de conservation alimentaire de longue durée, sans cuisson qui ne requiert ni stérilisation ni congélation. Elle consiste à plonger des aliments dans de l'eau salée pour favoriser la transformation des sucres en acide lactique pendant leur macération.

Marcotter : méthode de multiplication qui consiste à enterrer une partie d'une branche ou tige d'un végétal sans la sectionner afin d'en produire un nouveau.

Oyas : ce sont des pots en céramique poreuse que l'on enterre près des plantes et que l'on remplit d'eau, pour que le potager soit irrigué progressivement.

Pour fabriquer un Oya maison, obturer le trou au fond d'un pot en terre avec un bouchon. Il n'y a plus qu'à l'enfoncer dans la terre et à déposer dessus une soucoupe le couvrant entièrement une fois que vous l'avez rempli d'eau.

Pailler : recouvrir le sol, notamment de paille, de feuilles mortes, de broyat pour le protéger, le nourrir et garder l'humidité, et ainsi espacer les arrosages au pied des plantes.

Poquet / semer en poquet : semer en poquet consiste à déposer plusieurs graines, trois ou quatre, dans un godet ou un trou en pleine terre. Cette méthode permet d'augmenter les chances d'obtenir un plant.

Purin : produit naturel obtenu grâce à la macération de certains végétaux afin de fertiliser ou de traiter les cultures. On utilise notamment la consoude, la rhubarbe et les orties pour réaliser des purins.

Pour réaliser un purin d'ortie, mettez les feuilles dans un bac et ajoutez dix fois leur poids d'eau. Laissez macérer une à deux semaines avant de filtrer et d'utiliser.

Repiquage : méthode qui consiste à prélever un jeune plant de son emplacement initial pour le replanter, soit dans un contenant plus grand, soit en pleine terre.

Semis : cela consiste à mettre en terre, en bacs, en godets ou directement au potager des graines que l'on recouvre plus ou moins de terre afin d'obtenir des plants. On peut effectuer les semis en ligne, à la volée ou en poquet.

Terreau : support de culture indispensable au potager composé d'un assemblage de différentes matières minérales et organiques. Il existe de nombreux terreaux dont la composition varie selon leur destination.

Tuteurer : attacher les jeunes plants, des légumes rampants ou grimpants à un support pour les faire se développer correctement, prendre moins de place et résister aux vents afin d'éviter qu'ils se cassent ou se déracinent.

FRUITS ET LÉGUMES DU POTAGER

AIL

On le cultive quand ?

- On plante l'ail blanc et l'ail violet à la fin de l'automne sur un sol bien drainé ou au début du printemps si ce n'est pas le cas. On plante l'ail rose en mars/avril.
- On enterre les gousses d'ail pointes vers le haut de manière à les recouvrir d'environ 1 centimètre de terre en laissant une douzaine de centimètres entre chaque gousse. Attention, on utilise seulement les grosses gousses (caïeux) qui se trouvent à l'extérieur des têtes d'ail.

On récolte quand ?

On commence à récolter l'ail planté en fin d'automne dès le début du printemps si on veut le ramasser nouveau et encore vert, ou vers le début de l'été lorsque les tiges ont séché aux deux tiers. On sort les têtes d'ail de terre et on les fait sécher 3 à 5 jours à l'abri de l'humidité (vous pouvez les poser à même la terre dans le potager). Ensuite, on peut les tresser.

Astuce jardinage :

On peut faire une décoction d'ail pour lutter contre les pucerons ou les doryphores par exemple, et contre certaines maladies au potager (voir explications p. 12).

On conserve comment ?

Au réfrigérateur : l'ail nouveau, avec ses tiges encore vertes, se conserve quelques jours dans le bac à légumes.
Au congélateur : pelez, coupez en deux et dégermez l'ail avant de l'étaler sur une plaque et de le placer au congélateur. Après 24 heures, il peut être mis en sachet et se conserver plusieurs mois.

Dans une pièce assez sèche : l'ail à maturité se conserve facilement plusieurs semaines.

En cuisine :

L'ail comme l'oignon est indispensable dans de nombreuses cuisines et de très nombreuses recettes. Il peut être utilisé cru ou cuit (prenez juste garde à la surcuisson qui pourrait le rendre amer), pelé ou pas, émincé, haché ou passé au presse-ail. L'ail partage sa saveur et sa senteur de bien des façons, comme dans l'aïoli provençal, dans la soupe à l'ail ou dans le pain à l'ail. Il peut aussi être servi en accompagnement, confit en têtes entières.

La recette

➤ **Naans à l'ail p. 82**

AUBERGINE

On le cultive quand ?

- On sème sous abri en janvier/février.
- On met en pleine terre en avril/mai quand les plants comptent 5 à 6 feuilles en prenant garde que les dernières gelées soient passées et en laissant une cinquantaine de centimètres entre chaque plant.

On récolte quand ?

On cueille en juillet et en août, mais la cueillette peut se prolonger jusqu'en octobre si les températures le permettent.
Ne tardez pas trop à cueillir l'aubergine ; faites-le pendant qu'elle est bien ferme et que sa peau est encore lisse et brillante, sinon elle risque de devenir amère.

Astuce jardinage :

N'arrosez pas trop souvent, une fois par semaine, mais arrosez généreusement au pied de l'aubergine.

On conserve comment ?

Au réfrigérateur : dans le bac à légumes, l'aubergine se conserve une bonne semaine. Ne la mettez pas dans un sac, elle se gardera moins bien.
Au congélateur : coupée en rondelles ou en morceaux, vous pouvez la congeler sur une plaque avant de la mettre en sachet.

En cuisine :

L'aubergine se cuisine de nombreuses manières dans de nombreux pays. Frite, à la vapeur, poêlée ou rôtie, on la retrouve dans des classiques de la cuisine méditerranéenne, comme le caviar d'aubergine, le parmigiana ou la moussaka.
Prenez juste garde aux fritures, car l'aubergine peut se gorger d'huile et devenir ainsi moins digeste.

Les recettes

➤ **Aubergines pizza p. 78**
➤ **Aubergines au miel p. 174**

BASILIC

On le cultive quand ?

- On sème sous abri en février/mars ou début mai directement en terre.
- On met en pleine terre en mai/juin quand les plants comptent 3 à 4 feuilles en prenant garde que les dernières gelées soient passées et en laissant une trentaine de centimètres entre chaque plant.
Vous pouvez aussi en planter tout au long de l'été.
- Comme presque toutes les herbes aromatiques, il se prête à être cultivé aussi bien en pot, en bac qu'au potager.
Vous pouvez cultiver de la même manière le basilic thaï et toutes les autres variétés de basilic.

On récolte quand ?

On le cueille tout au long de l'été jusqu'au début de l'automne, après le froid va lui être fatal. Ramassez-le à la demande et au dernier moment juste avant de l'utiliser en cuisine.

Astuce jardinage :

En associant les tomates et le basilic dans vos potagers, ce dernier protégera les tomates de certains parasites.

On conserve comment ?

Au réfrigérateur : entouré dans du papier absorbant très légèrement humidifié puis déposé dans une boîte en plastique fermée dans le bac à légumes, le basilic se conserve plusieurs jours.
Au congélateur : lavé, séché et effeuillé, vous pouvez le congeler sur une plaque avant de le mettre en sachet.

Vous pouvez également mixer les feuilles avec de l'huile d'olive, garnir des bacs à glaçons et vous en servir comme assaisonnement tout au long de l'année.
Le basilic peut aussi se garder quelques jours dans un verre d'eau.

En cuisine :

Le basilic est souvent considéré comme une des herbes aromatiques star de l'été. En salade, en soupe, ou en pesto, il est la signature de nombreux plats italiens et provençaux, comme la soupe au pistou ou les tomates mozzarella. Comme d'autres herbes aromatiques, il perd de sa saveur s'il est cuit. Utilisez-le cru ou en toute fin de cuisson pour réveiller vos plats avec ses jolies senteurs.

La recette

➤ **Pesto de basilic p. 166**

BETTERAVE

On la cultive quand ?

- On sème sous abri en mars.
- On met en pleine terre en avril/mai en prenant garde que les dernières gelées soient passées et en laissant une trentaine de centimètres entre chaque plant.
- N'hésitez pas à étaler dans le temps vos cultures de betterave et à panacher les variétés entre mars et fin juin pour profiter plus longtemps de vos récoltes.

On récolte quand ?

On récolte selon les besoins, dès la fin du printemps jusqu'à la fin de l'automne.
Au début de l'hiver, il faudra penser à toutes les retirer de votre potager avant les premières gelées.

Astuce jardinage :

La betterave étant une gourmande qui va fatiguer vos sols, évitez de la replanter au même endroit l'année suivante.

On conserve comment ?

Crue : dans le bac du réfrigérateur emballée dans du papier (pensez à conserver les sacs en papier lors de vos courses), la betterave se garde plusieurs semaines.
Cuite : dans un saladier couvert de film alimentaire, la betterave peut se conserver 3 ou 4 jours.
Il vaut donc mieux la conserver crue et la faire cuire avant consommation, elle n'en sera que meilleure.

En cuisine :

Trop souvent attachée à de mauvais souvenirs de cantines scolaires, la betterave mérite beaucoup mieux ! Crue, rôtie ou cuite à la vapeur, on peut la préparer en salade, en smoothie ou encore en soupe, comme le bortsch des pays de l'Est.
Elle peut aussi changer certaines recettes, comme le gravlax de saumon, le gaspacho ou les œufs mimosa en leur apportant son goût et une étonnante couleur.
Ne mettez pas les feuilles de betterave systématiquement au compost, elles peuvent être cuisinées sautées à la poêle ou préparées en pesto.

La recette

➤ **Salade de betteraves rôties p. 104**

BLETTE

On la cultive quand ?

- On sème sous abri mi/fin-mars ou en pleine terre à partir de fin avril/début mai en prenant garde de laisser passer les dernières gelées.
- On met en pleine terre en avril/mai quand les plants comptent 5 à 6 feuilles en prenant garde que les dernières gelées soient passées et en laissant une quarantaine de centimètres entre chaque plant.

On récolte quand ?

On récolte vers le mois de juillet en prélevant les plus grandes feuilles, ce qui permettra aux autres de continuer à grandir et de vous fournir de nouvelles feuilles à récolter.
En fin de saison, avant les premières gelées, remontez la terre autour des plants, puis paillez généreusement vos blettes. Retirez le paillage au printemps et vous pourrez alors bénéficier d'une deuxième récolte quelques semaines après.

Astuce jardinage :

Plantez des variétés de blettes différentes pour donner de la couleur à votre potager et à vos plats.

On conserve comment ?

Au réfrigérateur : conservée dans le bac à légumes, elle se garde quelques jours. Dès qu'elle commence à ramollir, c'est vraiment le signe qu'il faut la consommer sans attendre.
Au congélateur : lavées et séchées, puis séparées, les feuilles et les côtes (en retirant les fils) doivent être coupées en morceaux de tailles différentes pour en choisir ultérieurement l'utilisation. Blanchies 1 à 2 minutes à l'eau bouillante, égouttées et séchées, vous pouvez les congeler sur une plaque avant de les mettre en sachet.

En cuisine :

Les verts de blettes se mangent cuits ou crus, mais on doit faire cuire les côtes pour les manger. Les verts de blettes peuvent remplacer les épinards dans les quiches, les omelettes ou les cakes ou être utilisés pour réaliser une tourte niçoise ou des bastelles de blettes au brocciu. Les côtes de blettes, coupées en tronçons, seront parfaites pour un gratin, sautées à l'ail ou dans de jolies poêlées en compagnie d'autres légumes.

La recette

➤ Boulettes aux blettes à la sauce tomate p. 134

BROCOLI

On le cultive quand ?

- On sème sous abri au printemps dès le mois de mars.
- On met en pleine terre mi-mai quand les plants comptent 4 à 5 feuilles en prenant garde que les dernières gelées soient passées et en laissant une cinquantaine de centimètres entre chaque plant.

On récolte quand ?

On récolte, selon la période de plantation et les variétés plantées, sur une grande période allant de juin jusqu'aux premières gelées. On coupe le brocoli dès qu'il est bien formé et dense sans attendre que les fleurs apparaissent, signe qu'il est trop tard pour la cueillette.

Astuce jardinage :

Paillez vos brocolis dès les premières chaleurs en prenant garde que les limaces ne prennent pas pension sous la paille.

On conserve comment ?

Au réfrigérateur : entouré de papier absorbant très légèrement humidifié, déposé dans le bac à légumes, le brocoli se garde quelques jours. Si vous voulez le garder plus longtemps, remplissez un bol d'eau et posez-y le brocoli tête vers le haut. En changeant l'eau tous les jours, le brocoli peut se conserver 1 semaine.
Au congélateur : coupé en bouquets, blanchi 1 à 2 minutes à l'eau bouillante, égoutté et séché, vous pouvez le congeler sur une plaque avant de le mettre en sachet.

En cuisine :

Ne faites pas trop cuire les brocolis, à peine 5 minutes, sinon ils finiraient par perdre tout leur croquant et se défaire : si c'est le cas, utilisez-les dans une soupe ou une purée. À la vapeur, rôtis ou sautés, ils seront parfaits associés à d'autres légumes dans des poêlées à l'asiatique ou cuisinés en gratin avec une bonne béchamel et des lardons.
Ne mettez pas les tiges de brocolis systématiquement au compost, elles peuvent être cuisinées en soupe ou râpées dans une salade.

La recette

➤ **Poêlée crémeuse de porc au brocoli p. 176**

CARDON

On le cultive quand ?

- On sème sous abri en avril.
- On met en pleine terre en mai en prenant garde que les dernières gelées soient passées et en laissant 1 mètre entre chaque plant.

On récolte quand ?

On récolte à l'été et à l'automne en comptant 5 ou 6 mois après le semis.
Pour éviter qu'il soit amer, le cardon doit subir une période de blanchissement de quelques semaines en ficelant autour de son pied du papier épais ou du carton avant d'être récolté.

Astuce jardinage :

Le repiquage des semis de cardon est risqué, utilisez de préférence des plants déjà levés lors de vos plantations.

On conserve comment ?

Au réfrigérateur : enveloppez le cardon dans un torchon ou dans du papier en serrant bien, puis mettez-le dans le bac à légumes. Il peut ainsi tenir quelques jours.
Le cardon n'aime pas le congélateur, il y perd son croquant et se ramollit.
En revanche, vous pouvez tout à fait le stériliser en bocaux.

En cuisine :

Les cardons sont un peu les oubliés de nos cuisines parce qu'ils sont assez longs à préparer, il faut prendre soin d'enlever consciencieusement tous les fils.
Ils sont parfaits pour réaliser des gratins comme le gratin de cardons à la lyonnaise accompagné de moelle de bœuf, mais aussi pour accompagner des plats plus exotiques comme de savoureux tajines ou en accompagnement d'autres légumes dans le couscous.

La recette

➤ **Gratin de cardons à la viande hachée p. 136**

CAROTTE

On la cultive quand ?

- On sème sous abri en février/mars ou en pleine terre en avril/mai.
- On éclaircit dès que les premières feuilles apparaissent en laissant une dizaine de centimètres entre chaque plant.
- On peut prolonger les semis jusqu'au début de l'été pour continuer la récolte jusqu'à l'hiver.

On récolte quand ?

On récolte la carotte 3 à 6 mois après le semis selon les variétés et la période où elles ont été semées. Plus on avance dans la saison, plus il faudra attendre pour que les carottes arrivent à maturité.

Astuce jardinage :

Plantez oignons, ciboulette ou ail à côté de vos carottes, ils se protégeront mutuellement de certains insectes nuisibles.

On conserve comment ?

Au réfrigérateur : lavée, séchée puis mise dans un sachet en papier, débarrassée de ses fanes, elle se conserve pendant 1 semaine dans le bac à légumes.
Au congélateur : coupée en rondelles ou en morceaux, vous pouvez la congeler sur une plaque avant de la mettre en sachet.
La carotte peut également se conserver dans une cave ou dans une pièce sombre fraîche et sèche dans des cagettes remplies de sable.

En cuisine :

Avec leur peau et juste brossées, si ce sont des carottes nouvelles, ou épluchées si elles sont plus anciennes, elles se préparent crues, râpées ou en bâtonnets à l'heure de l'apéritif en compagnie d'autres légumes et d'une mayonnaise relevée. Cuites, elles accompagnent de nombreux plats, comme le bœuf carottes, les tajines au poisson ou les jardinières de légumes.
Rôties, glacées au beurre ou taillées en chips, elles se suffisent à elles-mêmes accompagnées d'herbes fraîches et d'épices.
Ne mettez pas les fanes de carotte systématiquement au compost, elles peuvent être cuisinées en tempura, en pesto ou en quiche.

Les recettes

➤ **Salade multicolore au chou rouge p. 118**
➤ **Carottes et viande hachée au cumin p. 138**
➤ **Riz sauté aux carottes et aux herbes du potager p. 158**

CÉBETTE

On la cultive quand ?

- On sème en pleine terre en avril/mai en prenant garde que les dernières gelées soient passées et on continue de semer tout au long du printemps jusqu'au début de l'été.
- On éclaircit les cébettes quand elles ont germé en laissant une dizaine de centimètres entre chaque plant.

On récolte quand ?

On récolte en arrachant les cébettes 2 à 3 mois après les semis.

Astuce jardinage :

Les cébettes n'aiment pas les sols gorgés d'eau où elles pourraient même aller jusqu'à pourrir ; un sol drainé et des arrosages raisonnés leur feront donc le plus grand bien.

On conserve comment ?

Au réfrigérateur : les cébettes se conservent plusieurs jours dans le bac à légumes entourées de papier absorbant très légèrement humidifié.
Au congélateur : lavées, séchées sur du papier absorbant pendant une trentaine de minutes et coupées en différentes tailles, vous pouvez les congeler sur une plaque avant de les mettre en sachet.

En cuisine :

Crues, elles peuvent entrer dans la composition de nombreuses salades méditerranéennes, comme la salade fattouche, la salade au poulpe, la salade grecque, ou donner toute leur fraîcheur parsemées sur vos recettes juste au moment de servir.
Cuites, elles accompagnent et aromatisent de nombreux plats, notamment asiatiques comme les omelettes soufflées japonaises, les potages à la pékinoise ou les nouilles sautées au soja.

La recette

➤ **Galettes aux cébettes p. 88**

CÉLERI BOULE OU RAVE

On le cultive quand ?

- On sème sous abri en mars/avril.
- On repique quand les plants ont 3 ou 4 feuilles.
- On met en pleine terre en avril/mai en prenant garde que les dernières gelées soient passées et en laissant une quarantaine de centimètres entre chaque plant.
- La culture du céleri boule peut se révéler difficile à mener en semis, à cause du repiquage, moment où il faut réduire la racine. Du coup, préférez sa culture en plants.

On récolte quand ?

On récolte selon les besoins à l'automne et jusqu'au début de l'hiver. Au début de l'hiver, avant les premières gelées, il faudra penser à tous les retirer de votre potager.

Astuce jardinage :

Si vous profitez d'une belle journée ensoleillée pour récolter le céleri, laissez-le sécher au soleil à l'endroit où il a poussé pendant une journée.

On conserve comment ?

Au réfrigérateur : entier, débarrassé de ses feuilles, mis dans un sac en plastique perforé ou une boîte légèrement ouverte, le céleri se conserve dans le bac à légumes 1 à 2 semaines. Les feuilles, enroulées dans du papier absorbant légèrement humidifié, se conservent 1 semaine dans le bac à légumes.
Au congélateur : débarrassé de ses feuilles, coupé en morceaux, blanchi 3 à 4 minutes à l'eau bouillante, égoutté et séché, vous pouvez le congeler sur une plaque avant de le mettre en sachet. Les feuilles coupées en morceaux n'ont pas besoin d'être blanchies avant d'être mises en sachet.
Le céleri boule, débarrassé de ses feuilles, peut aussi être conservé dans une pièce fraîche et ventilée pendant plusieurs semaines.

En cuisine :

Le céleri boule est notamment préparé cru et râpé en rémoulade accompagné de câpres, de cornichons, de mayonnaise à la moutarde et éventuellement d'herbes fraîches. Toujours cru, râpé ou taillé en très fines tranches, il peut être associé dans de nombreuses salades à la carotte, à la pomme verte ou à la betterave. Cuit et associé à la pomme de terre, il peut se préparer en purée, gratin, soupe ou velouté. Seul, coupé en morceaux et cuit à l'eau ou à la vapeur, il pourra ensuite apporter son goût particulier à de nombreux sautés de légumes. Très finement émincées, les feuilles du céleri boule sont aussi consommables et donneront un coup de pep à vos salades ou à vos soupes.

La recette

➤ **Curry au céleri et à la dinde p. 130**

CÉLERI BRANCHE

On le cultive quand ?

- On sème sous abri au printemps ou en pleine terre au mois de mai.
- On repique quand les plants ont 2 ou 3 feuilles.
- On met en pleine terre 2 mois après les semis, à partir du mois de mai, en laissant une quarantaine de centimètres entre chaque plant.

On récolte quand ?

On récolte environ 6 mois après les semis entre août et la fin de l'automne.
Pour le rendre plus doux, le céleri peut être blanchi pendant 2 à 3 semaines en ficelant autour de son pied du papier épais ou du carton avant d'être récolté.

Astuce jardinage :

Le céleri aime l'humidité, arrosez-le régulièrement, un manque d'eau peut le conduire à monter en fleurs.

On conserve comment ?

Au réfrigérateur : entouré dans du papier absorbant très légèrement humidifié déposé dans le bac à légumes, il se garde plusieurs jours. Après quelques jours il va se ramollir et il faudra dans ce cas l'utiliser cuit.
Au congélateur : lavées et séchées, les feuilles et les tiges sont séparées puis coupées en morceaux de tailles différentes pour pouvoir en choisir l'utilisation. Vous pouvez les congeler sur une plaque avant de les mettre en sachet.

En cuisine :

Pour retirer les fils du céleri branche, cassez les tiges à leur base, puis tirez doucement vers le haut.
Le céleri branche se consomme cru ou cuit, cru coupé en bâtonnets en compagnie d'autres légumes et de sauces ou émincé dans différentes salades auxquelles il offre son croquant.
Cuit en cocotte, à la poêle ou au four, il apporte son parfum aux soupes, aux mélanges de légumes ou au pot-au-feu.
Les feuilles finement ciselées peuvent être utilisées comme une herbe aromatique et, entières, elles seront parfaites dans un bouquet garni.

La recette

➤ **Soupe au céleri branche p. 126**

CHOU DE BRUXELLES

On le cultive quand ?

- On sème sous abri à partir de mars et jusqu'en mai selon les variétés.
- On plante à partir de la mi-mai quand les plants comptent 6 à 7 feuilles en laissant une soixantaine de centimètres entre chaque plant.

On récolte quand ?

On récolte les choux de Bruxelles au fur et à mesure des besoins quand ils atteignent 2 ou 3 centimètres de diamètre. La récolte commence à l'automne et peut durer, selon la période de plantation, tout au long de l'hiver.

Astuce jardinage :

N'arrosez pas les feuilles de vos choux de Bruxelles sinon vous prenez le risque d'y voir apparaître des champignons.

On conserve comment ?

Au réfrigérateur : le chou de Bruxelles n'aime pas l'humidité, vous pouvez le conserver une petite semaine dans un sac en plastique perforé, surtout sans le laver.
Au congélateur : débarrassé de ses feuilles abîmées, entier ou coupé en deux, blanchi 2 à 3 minutes à l'eau bouillante, égoutté et séché, vous pouvez le congeler sur une plaque avant de le mettre en sachet.

En cuisine :

Le chou de Bruxelles souffre des mauvais souvenirs laissés par sa consommation dans les cantines scolaires, alors que ce petit chou mérite bien des attentions en cuisine.

Généralement consommé cuit, il peut néanmoins être dégusté cru, il est alors lavé, débarrassé des feuilles abîmées et de son trognon, puis tranché très finement, si possible à la mandoline. Ainsi préparé, vous pouvez l'utiliser dans vos salades composées d'hiver.
Cuit, entier ou coupé en deux ou en quatre, le chou de Bruxelles n'aime pas la surcuisson, il finit par devenir pâteux et se défaire.
À la vapeur ou cuit dans l'eau, il est ensuite jeté dans une eau bien froide, puis égoutté avant d'être dégusté ainsi ou sauté à la poêle. On peut aussi le rôtir au four seul ou avec d'autres légumes.

La recette

➤ **Choux de Bruxelles et chipolatas p. 152**

CHOU-FLEUR

On le cultive quand ?

- On sème en février/mars sous abri.
- On met en pleine terre à partir de la mi-mai en prenant garde que les dernières gelées soient passées et en laissant environ 80 centimètres entre chaque plant.

On récolte quand ?

On récolte en coupant au ras du sol environ 6 mois après les semis quand le chou-fleur est encore bien ferme.

Astuce jardinage :

Si vos choux-fleurs demandent encore un peu de temps pour arriver à point en novembre, couvrez-les pour qu'ils ne subissent pas les gelées trop durement.

On conserve comment ?

Au réfrigérateur : dans le bac à légumes, le chou-fleur entier peut se conserver de 4 à 5 jours en laissant les feuilles autour. Après cette courte période, il va commencer à se ramollir et à noircir, il sera moins bon mais reste consommable en enlevant les parties foncées.
Au congélateur : coupé en bouquets, blanchi 3 à 4 minutes à l'eau bouillante, égoutté et séché, vous pouvez le congeler sur une plaque avant de le mettre en sachet.

Les recettes

➤ **Soupe de chou-fleur p. 124**
➤ **Mac & cheese aux haricots et au chou-fleur p. 160**

En cuisine :

Le chou-fleur se déguste aussi bien cru que cuit et de nombreuses manières. Des plus classiques, en velouté ou en gratin, en accompagnement d'autres crudités, aux plus exotiques ou originales, en beignets, en curry crémeux ou en crumbles croustillants...
Il devient même tendance dans nos cuisines avec une nouvelle manière de le préparer en le faisant rôtir au four, entier ou en tranches épaisses jusqu'à ce qu'il soit doré à l'extérieur et fondant à l'intérieur.
Ne mettez pas les tiges du chou-fleur systématiquement au compost, elles peuvent être cuisinées en soupe ou râpées dans une salade.

CHOU KALE

On le cultive quand ?

- On sème en pleine terre à partir de fin mai/ début juin en prenant garde que les dernières gelées soient passées et en laissant environ 80 centimètres entre chaque plant.
- Le chou kale n'étant pas un chou pommé, il peut s'étaler de manière plus importante que d'autres choux.

On récolte quand ?

On récolte de l'automne au printemps, le chou kale étant résistant aux gelées.
On prélève les feuilles extérieures du pied au couteau au fur et à mesure des besoins.
De cette manière, d'autres feuilles continuent à pousser.

Astuce jardinage :

Une fois séchées, pensez à utiliser vos tontes de jardin pour pailler les pieds des choux kale.

On conserve comment ?

Au réfrigérateur : lavé et séché, puis déposé sans le tasser dans le bac à légumes, il se conserve environ 1 semaine. Si les feuilles commencent à ramollir, consommez-les cuites.
Au congélateur : coupé en larges bandes, lavé, égoutté et séché, vous pouvez le congeler sur une plaque avant de le mettre en sachet.

En cuisine :

Ce chou frisé, pourtant un des plus anciens à être cultivé, était pratiquement inconnu dans nos cuisines sous ce nom il y a seulement quelques années. Aujourd'hui, il a su s'imposer, notamment dans les recettes végétariennes ou véganes.
Cru en salade, dans des smoothies ou en pesto, ou cuit dans des sautés de légumes, dans une quiche ou une omelette, on peut le cuisiner de nombreuses façons.
Pensez à retirer la tige trop dure pour être consommée avant de le cuisiner.

La recette

➤ **Farfalle au kale p. 162**

CHOU-RAVE

On le cultive quand ?

- On sème sous abri entre mars et avril.
N'hésitez pas à lancer un deuxième semis, cette fois en pleine terre, 2 mois après le premier pour récolter tout au long de la saison.
- On met en pleine terre 4 à 5 semaines après le semis quand les plants ont 5 ou 6 feuilles en les espaçant d'une trentaine de centimètres.

On récolte quand ?

On récolte le chou-rave 8 à 10 semaines après les semis, entre juillet et novembre.
Comme d'autres légumes, il sera meilleur si le récoltez encore « jeune », sinon il finit par devenir filandreux et vous ne pourrez plus le cuisiner.

Astuce jardinage :

Pensez à enrichir votre terre en compost avant la plantation du chou-rave.

On conserve comment ?

Au réfrigérateur : déposé dans le bac à légumes, il se conserve plusieurs semaines. Vérifiez sa consistance, il doit rester bien ferme et ne pas sonner creux quand vous le tapotez.
Au congélateur : pelé, coupé en dés, blanchi 2 à 3 minutes à l'eau bouillante, égoutté et séché, vous pouvez le congeler sur une plaque avant de le mettre en sachet.
Le chou-rave peut aussi se conserver râpé en utilisant la lacto-fermentation de la même façon que l'on prépare le chou pour la choucroute.

En cuisine :

Un peu négligé dans nos cuisines, le chou-rave semble vouloir, comme d'autres légumes « oubliés », retrouver sa place dans nos recettes et surprendre par ses qualités et son goût.
Cru, râpé ou taillé en fines tranches, on le retrouve dans les salades, seul ou accompagné de carottes, betteraves, courgettes... coupés de la même manière.
Cuit à la vapeur et juste arrosé d'huile d'olive, sauté à l'ail et aux herbes ou rôti au four avec d'autres légumes, le chou-rave se prépare de nombreuses façons.
Il trouvera parfaitement sa place dans un pot-au-feu en compagnie d'autres choux et d'autres légumes.

La recette

➤ **Chou-rave et poisson rôtis p. 150**

CHOU ROUGE

On le cultive quand ?

- On sème sous abri de février à mai et en pleine terre de juin jusqu'à la fin août.
- On met en pleine terre à partir de mai quand les plants comptent 5 à 6 feuilles, en prenant garde que les dernières gelées soient passées et en laissant une soixantaine de centimètres entre chaque plant.

On récolte quand ?

On récolte entre mai et mars de l'année suivante, en coupant la base du chou avec un couteau, une fois que celui-ci est bien rond, lourd et ferme.

Astuce jardinage :

Le chou rouge n'aime pas la compagnie des tomates ou des fraises, qui sont sensibles au même type de maladies, telles que l'oïdium ou qui attirent le même type de prédateurs comme les pucerons.

On conserve comment ?

Au réfrigérateur : entier, dans le bac à légumes, le chou rouge se conserve 1 à 2 semaines.
Entamé, vous pouvez le garder 7 jours placé dans une boîte hermétique.
Au congélateur : émincé, blanchi 3 à 4 minutes à l'eau bouillante, égoutté et séché, vous pouvez le congeler sur une plaque avant de le mettre en sachet.
Une fois décongelé, il sera réservé aux recettes dans lesquelles il est cuit.

En cuisine :

Le chou rouge a l'avantage d'être préparé rapidement. Cru et débarrassé des feuilles extérieures abîmées, il suffit de retirer les grosses côtes, de le râper ou de l'émincer finement pour le consommer en salade. Il peut alors être mélangé avec d'autres choux, blancs ou raves ou d'autres légumes, carottes ou radis.
On peut aussi ajouter dans ces salades des fromages, roquefort ou fromage de chèvre, des noix ou des fruits secs.
Cuit, émincé finement ou coupé en larges tranches, on le prépare sauté ou compoté et il peut accompagner un magret de canard, un rôti de porc ou des saucisses grillées.
Pour conserver sa couleur, lorsqu'il cuit, ajoutez un trait de vinaigre de vin rouge à l'eau de cuisson.

La recette

➤ **Salade multicolore au chou rouge p. 118**

CONCOMBRE

On le cultive quand ?

- On sème sous abri en mars/avril.
- On met en pleine terre en mai quand les plants font 15 centimètres en prenant garde que les dernières gelées soient passées et en laissant une soixantaine de centimètres entre chaque plant.

On récolte quand ?

On cueille entre 3 à 4 mois après les semis, une fois que le concombre a atteint sa taille optimale, qui peut varier selon la variété.

Astuce jardinage :

Les lianes des concombres peuvent prendre beaucoup de place. Faites-les courir le long de grillages ou de treillages ou encore faites-les monter le long de supports verticaux, vous limiterez aussi les attaques de certains nuisibles. N'attendez pas trop avant de ramasser le concombre, plus il grossit, plus il va se charger en graines et son goût va devenir plus amer.

On conserve comment ?

Au réfrigérateur : dans le bac à légumes, le concombre se conserve une bonne semaine. Le concombre ne supporte pas la congélation. Si vous avez un excédent de production au potager, vous pouvez préparer des bocaux de concombres lacto-fermentés.

En cuisine :

À 95 % composé d'eau, et le plus souvent consommé cru et avec la peau (qui en facilite la digestion), le concombre est une autre star des plats d'été. On le retrouve dans des salades comme le concombre à la crème, le taboulé, mais on peut aussi le consommer dans de délicieuses soupes froides comme le gaspacho ou le farcir cru avec un mélange de thon mayonnaise ou coupé en bâtonnets pour le manger en dips.
Pour éviter que le concombre perde son eau dans les préparations comme les salades composées vous pouvez le faire dégorger. Mélangez le concombre, pelé et coupé en morceaux, avec du sel, placez-le dans une passoire et laissez dégorger 30 minutes avant de le rincer et de le sécher.
Le concombre peut aussi être cuit, rapidement sauté à la poêle et servi avec une sauce à la crème et à la moutarde, par exemple.

Les recettes

➤ **Notre tsatsiki au concombre p. 70**
➤ **Salade aux farfalle, concombre et thon p. 108**

COURGE BUTTERNUT, PATIDOU ET POTIMARRON

On les cultive quand ?

- On sème en pleine terre en avril/mai en poquet de 2 à 3 graines, en prenant garde que les dernières gelées soient passées et en laissant environ 1 mètre entre chaque poquet.
- Il vaut mieux privilégier la plantation en pleine terre. Les semis sous abri poussent très vite mais sont fragiles. Ils peuvent s'étioler avant même d'être transférés dans le potager.

On récolte quand ?

Les courges se cueillent le plus tard possible juste avant les premières gelées. Coupez-les en gardant le pédoncule le plus long possible.

Astuce jardinage :

Les courges prennent beaucoup de place. Faites-les courir le long de grillages, de treillages ou encore faites-les monter le long de supports verticaux.

On conserve comment ?

Dans une pièce fraîche et sèche, certaines courges peuvent se conserver pendant plusieurs mois.
Au réfrigérateur : dans le bac à légumes, la courge se conserve coupée 4 à 5 jours. Ne la mettez pas dans un sac, elle se gardera moins bien.
Au congélateur : épluchée puis coupée en morceaux, vous pouvez la congeler sur une plaque avant de la mettre en sachet.

En cuisine :

La courge se mange cuite, à la vapeur ou à l'eau, poêlée, rôtie ou braisée. On la retrouve dans des soupes et des potages, dans des gratins et dans de nombreux plats mijotés d'hiver.
On peut aussi la cuisiner en version sucrée, dans des desserts comme les tartes à la courge, en flan, dans des brownies ou cheesecake et dans différents biscuits, au chocolat, aux fruits secs ou aux noix.

Les recettes

➤ Patidoux farcis au riz et au poulet p. 144

➤ Poêlée de butternut au poulet p. 148

➤ Purée crunchy de courge butternut p. 170

➤ Cookies à la courge et pépites de chocolat p. 180

COURGETTE

On la cultive quand ?

- On sème sous abri à la mi-avril.
- On met en pleine terre environ 4 semaines après le semis à la mi-mai en prenant garde que les dernières gelées soient passées et en laissant environ 1 mètre entre chaque plant.
- N'hésitez pas à semer aussi en pleine terre à la mi-mai 1 ou 2 pieds de courgette qui vous permettront de récolter plus tardivement.

On récolte quand ?

On récolte environ 2 mois après les semis en cueillant au fur et à mesure des besoins. Comme d'autres légumes, elles seront meilleures si vous ne tardez pas trop à les récolter encore « jeunes », sinon leur peau devient dure et les graines vont se développer. Vous pouvez laisser complètement pousser une de vos courgettes pour récupérer les graines pour les semis de l'année suivante.
Vous pouvez récolter les fleurs de courgette pour les cuisiner en prenant garde de ne prendre que les fleurs mâles pour ne pas limiter vos futures récoltes.

Astuce jardinage :

N'hésitez pas à planter du basilic près des plants de courgette qui vont ainsi lui apporter un peu d'ombre et de fraîcheur sous leurs feuilles.

On conserve comment ?

Au réfrigérateur : entière, la courgette se conserve dans le bac à légumes quelques jours si vous prenez garde de ne pas l'abîmer.
Au congélateur : lavée, séchée et coupée en différentes tailles pour pouvoir en choisir l'utilisation, vous pouvez la congeler sur une plaque avant de mettre en sachet.

En cuisine :

Les fleurs de courgette se préparent farcies, notamment avec des fromages frais comme le brocciu ou la ricotta, agrémentées de parmesan et d'herbes fraîches avant d'être frites ou cuites au four.
La courgette, une fois le pédoncule enlevé, se prépare aussi bien crue que cuite. Crue, elle peut être râpée pour être cuisinée en salade ; cuite, elle est une des bases de la cuisine méditerranéenne, seule ou en compagnie de l'autre star des potagers, la tomate. Entière, en rondelles ou en cubes, farcie, en gratin, sautée à la poêle, à la vapeur, au four... les façons de préparer la courgette sont nombreuses. Elle peut même être utilisée en dessert dans un gâteau au chocolat par exemple, en la râpant finement.

Les recettes

➤ **Tarte soleil à la courgette et pesto p. 92**
➤ **Tarte fine courgette, chèvre et basilic p. 96**

ÉPINARDS

On les cultive quand ?

- On sème les épinards directement en pleine terre, soit au printemps vers mars/avril, soit à la fin de l'été vers août/septembre.
- On éclaircit quand les plants commencent à avoir des feuilles en laissant une cinquantaine de centimètres entre chaque plant.

On récolte quand ?

On récolte les jeunes pousses environ 1 mois et demi après les semis et les feuilles plus matures quelques semaines après.
Coupez les feuilles aux ciseaux pour permettre au pied de continuer à se développer.

Astuce jardinage :

Récoltez les épinards avant les fortes chaleurs pour éviter qu'ils jaunissent et montent en graines.

On conserve comment ?

Au réfrigérateur : lavés et égouttés, enroulés dans du papier absorbant puis déposés dans une boîte hermétique, les épinards se gardent ainsi 4 à 5 jours.
Au congélateur : triés, lavés et séchés, vous pouvez les congeler sur une plaque avant de les mettre en sachet.

En cuisine :

Accommodez les jeunes feuilles d'épinards avec différentes pousses ou des herbes aromatiques, comme la menthe, le cerfeuil ou la coriandre et d'autres ingrédients pour les déguster en salades composées.
Enlevez les tiges des grandes feuilles sur toute la longueur et faites-les « tomber », avant de les égoutter pour les utiliser dans des omelettes, des quiches ou pour accompagner d'autres légumes.

Les recettes

➤ **Frittata aux épinards et aux tomates cerises p. 98**
➤ **Chakchouka aux épinards et œufs p. 128**

FENOUIL

On le cultive quand ?

- On sème sous abri de mars à mai et en pleine terre à partir de la fin mai en laissant une trentaine de centimètres entre chaque plant.
- N'hésitez pas à espacer les plantations du milieu du printemps au début de l'été pour bénéficier plus longtemps des récoltes.

On récolte quand ?

On récolte 3 mois après les semis, pendant l'été et jusqu'au début de l'hiver.
Dès l'arrivée des gelées, il faut ramasser tous vos fenouils sans attendre.

Astuce jardinage :

Buttez vos fenouils régulièrement jusqu'à ce qu'ils atteignent une quinzaine de centimètres de hauteur pour favoriser le développement de la partie blanche.

On conserve comment ?

Au réfrigérateur : entier, dans une boîte hermétique fermée, pour que son odeur ne se transmette pas, il se conserve 1 semaine.
Coupé, il doit être consommé sans attendre sinon il risque de sécher et de se racornir.
Au congélateur : émincé en tranches sans le trognon, ni les tiges (congelées à part pour préparer des bouillons), blanchi 2 à 3 minutes à l'eau bouillante, égoutté et séché, vous pouvez le congeler sur une plaque avant de le mettre en sachet.
Comme les carottes, il peut se conserver dans une cave ou dans une pièce sombre, fraîche et sèche dans des cagettes remplies de sable.

En cuisine :

Cuit, le fenouil se marie particulièrement bien avec les poissons et les viandes blanches et avec d'autres légumes comme la carotte, l'oignon, le céleri et la pomme de terre. Il peut être braisé, sauté, cuit à la vapeur, préparé en gratin, en soupe ou en papillote accompagné de tomates et d'herbes.
Cru, émincé très finement, il accompagne de nombreuses salades, aussi bien méridionales que nordiques, il peut même s'accommoder avec de l'orange dans une salade à l'orientale.
Réservez les tiges, quelquefois un peu dures, pour vos bouillons de légumes ou pour vos courts-bouillons.

La recette

➤ **Fenouil à la tomate et aux boulettes de veau p. 132**

FÈVE

On la cultive quand ?

- On sème sous abri au mois de janvier/février ou en pleine terre à partir de mars si la température le permet. Les semis de fèves résistent bien au froid mais prenez garde aux grosses gelées.
- On plante fin mars/début avril en laissant une trentaine de centimètres entre chaque plant.
- Pensez à tuteurer vos plants de fèves dès leur plantation pour que le vent ne les couche pas.

On récolte quand ?

On récolte les fèves environ 3 mois après les semis, en mai/juin. Les fèves n'aiment pas les très fortes chaleurs, il faudra les récolter avant que le plus fort de l'été n'arrive.

Astuce jardinage :

Plantez de l'aneth entre les rangs de fève pour repousser les pucerons.

On conserve comment ?

Au réfrigérateur : sans les écosser, déposées dans un sac en papier dans le bac à légumes, les fèves se gardent 3 ou 4 jours. Une fois écossées et pelées, il faut les consommer sans attendre.
Au congélateur : écossées, pelées puis blanchies 1 minute à l'eau bouillante, égouttées et séchées, vous pouvez les congeler sur une plaque avant de les mettre en sachet.
Même congelées, les fèves sont fragiles n'attendez pas plus de 3 mois pour les consommer.
On peut également faire sécher les fèves pour les conserver.

En cuisine :

Une fois écossées, pour les peler plus facilement, faites-les blanchir 1 minute dans une casserole d'eau bouillante avant de les jeter dans un saladier d'eau bien froide et de les égoutter.
Les fèves demandent une cuisson très rapide pour garder leur croquant. Elles seront parfaites plongées rapidement dans une casserole d'eau avec une pincée de bicarbonate pour qu'elles gardent leur jolie couleur, puis rapidement refroidies dans l'eau froide.
Les jeunes fèves peuvent être cuisinées entières comme des haricots verts.

La recette

➤ **Salade de fèves et tomates grillées p. 106**

FRAISE

On la cultive quand ?

- On met en pleine terre au printemps, à la fin de l'été ou à l'automne en laissant une trentaine de centimètres entre chaque plants.
- La fraise se prête à être cultivée aussi bien en pot ou en bac (plantez-la dans ce cas au printemps) qu'au potager.

On récolte quand ?

On cueille les fraises – entre la fin du printemps et les premières gelées selon les variétés – lorsque celles-ci sont bien rouges et quand le fruit se détache facilement de son pédoncule.
La cueillette des fraises, non remontantes, va s'étaler sur 3 à 6 semaines alors que les remontantes continueront à produire toute la saison.
Cueillez régulièrement vos fraises, tous les 2 à 3 jours, pour que les fraises restantes continuent à se développer.

Astuce jardinage :

Coupez régulièrement les stolons (longues tiges qui vont s'enraciner au sol) qui se développent depuis la base des fraisiers, pour éviter que les plants ne s'épuisent.

On conserve comment ?

Au réfrigérateur : dans le bac à légumes, la fraise se garde 2 à 3 jours, non équeutée et non lavée, dans une boîte hermétique, non fermée, tapissée de papier absorbant. Dès qu'une fraise est abîmée, retirez-la, sinon elle va faire pourrir les autres.

Pour la conserver plus longtemps au réfrigérateur, trempez-la dans un mélange de trois quarts d'eau et un quart de vinaigre blanc, puis égouttez-la et séchez-la bien.
Au congélateur : équeutée, entière ou coupée en deux, vous pouvez la congeler sur une plaque avant de la mettre en sachet.
Pour une conservation plus longue, privilégiez la préparation en confiture ou en gelée.

En cuisine :

Simplement nature, avec un peu de sucre ou de chantilly, les fraises peuvent aussi être préparées de nombreuses façons, sur une jolie tarte, dans une charlotte, en tiramisu ou pour garnir un roulé.
Surtout dégustée sucrée, la fraise peut aussi être utilisée en version salée, notamment en salade avec des tomates ou du melon, des herbes fraîches et du fromage frais comme la feta.

Les recettes

- ➤ **Trifle aux fraises p. 178**
- ➤ **Sirop de queues de fraises p. 184**

HARICOT VERT

On le cultive quand ?

- On sème en pleine terre à partir de mai en prenant garde que les dernières gelées soient passées.
- On éclaircit quand les plants commencent à avoir 2 ou 3 feuilles en les espaçant d'une trentaine de centimètres.
- On butte les plants quand ils atteignent une quinzaine de centimètres.
- Les haricots nains n'auront pas besoin d'être tuteurés contrairement aux grimpants qui devront, eux, être encadrés par un tuteurage en rames ou en grillage pour mener à bien leur développement.

On récolte quand ?

On récolte selon les variétés entre 2 et 4 mois après les semis entre juillet et septembre.
Il faut récolter les haricots assez jeunes avant qu'ils ne deviennent durs et filandreux.
Une fois la récolte commencée, il faut ramasser les haricots tous les 2 ou 3 jours pour permettre aux nouveaux d'arriver à terme.

Astuce jardinage :

Associez vos haricots à des plants de sarriette qui vont repousser les pucerons.

On conserve comment ?

Au réfrigérateur : rangés dans un sac en papier dans le bac à légumes, les haricots verts se conservent 3 à 5 jours.
Au congélateur : équeutés, effilés, entiers ou coupés en morceaux, vous pouvez les congeler sur une plaque avant de les mettre en sachet.
Les haricots verts se prêtent aussi parfaitement à la conservation en bocaux.

En cuisine :

Cuits à la vapeur, dans l'eau (ajoutez quelques pincées de bicarbonate pour qu'ils gardent leur joli vert) ou à la poêle, après avoir été équeutés, ne faites pas trop cuire les haricots pour éviter qu'ils perdent tout leur croquant.
Froids, les haricots, associés à différents ingrédients (poivrons, petites pommes de terre, thon, olives...), sont parfaits pour composer de nombreuses salades : le tout arrosé d'une sauce vinaigrette bien moutardée.
Chauds, ils peuvent être utilisés en accompagnement de nombreuses viandes et poissons, entrer dans la composition de diverses soupes ou potages ou simplement être préparés au beurre avec de l'ail, de l'oignon et des herbes.

Les recettes

➤ **Salade de haricots verts p. 102**

➤ **Mac & cheese aux haricots et au chou-fleur p. 160**

MÂCHE

On la cultive quand ?

- On sème en pleine terre de mi-juillet à fin octobre.
- On éclaircit dès l'apparition des premières feuilles en laissant environ 5 centimètres entre chaque plant.
- La mâche se prête à être cultivée aussi bien en pot, en bac qu'au potager.

On récolte quand ?

On cueille 3 mois après les semis, à la demande, en coupant la base de la mâche à l'aide d'un couteau au ras du sol, de cette façon vous pouvez obtenir une deuxième levée.
La mâche supporte bien le gel, ce qui en fait une salade d'hiver idéale.

Astuce jardinage :

Pour optimiser sa croissance, ne la plantez pas à côté des choux ou des épinards.

On conserve comment ?

Au réfrigérateur : dans le bac à légumes, la mâche se conserve 2 ou 3 jours dans un récipient hermétique avec du papier absorbant.
Il n'est pas conseillé de congeler la mâche.

En cuisine :

La mâche est une salade d'hiver. Elle se consomme principalement crue et se déguste en salade accompagnée d'autres crudités, betteraves ou carottes, de noix et de fruits secs, de fruits frais comme les poires ou les kakis.
Elle accompagne également à merveille les poissons fumés comme la truite, le haddock ou le saumon.
On peut aussi la servir avec différents fromages, de chèvre ou de brebis.
Cuite, elle est parfaite cuisinée dans un velouté de légumes, dans une quiche ou un cake, ou dans un risotto.

La recette

➤ **Soupe de mâche et graines de courge p. 120**

MENTHE

On la cultive quand ?

- On sème sous abri de janvier à mars ou début mai directement en terre.
- On met en pleine terre en mai en prenant garde que les dernières gelées soient passées et en laissant une trentaine de centimètres entre chaque plant.
- On peut semer la menthe mais il est plus facile de mettre des plants en pleine terre ou de bouturer des tiges débarrassées de leurs feuilles et de les replanter.
- Comme presque toutes les herbes aromatiques, elle se prête à être cultivée aussi bien en pot ou en bac qu'au potager.

On récolte quand ?

On cueille depuis le printemps jusqu'à la fin de l'automne, après le froid va lui être fatal, coupez alors les tiges restantes et elle va réapparaître au printemps suivant.

Astuce jardinage :

La menthe craint la sécheresse qu'elle soit en pot en bac ou au potager, pensez à l'arroser régulièrement afin que la terre reste humide.

On conserve comment ?

Au réfrigérateur : entourée de papier absorbant très légèrement humidifié puis déposée dans une boîte hermétique fermée dans le bac du réfrigérateur, la menthe se garde plusieurs jours.
La menthe peut se congeler mais elle va perdre son goût et risque de noircir, il vaut mieux choisir d'autres méthodes de conservation, par exemple en la faisant sécher.
La menthe peut aussi se garder quelques jours dans un verre d'eau, dans ce cas il faut changer l'eau régulièrement pour qu'elle ne croupisse pas.

En cuisine :

Comme d'autres herbes aromatiques, elle perd de sa saveur si elle est cuite dans vos plats. Utilisez-la crue dans vos salades ou parsemez-la en toute fin de cuisson sur vos plats, mais attention, elle va vite noircir au contact de la chaleur.
Vous pouvez par contre la faire infuser à chaud dans de nombreuses boissons comme le thé à la menthe. Et aussi la retrouver crue dans d'autres boissons, comme les eaux parfumées ou le célèbre mojito, qu'il soit classique ou vierge.

Les recettes

- **Salade multicolore au chou rouge p. 118**
- **Riz sauté aux carottes et aux herbes du potager p. 158**
- **Sirop de menthe du potager p. 186**
- **Notre infusion aux herbes p. 188**

NAVET

On le cultive quand ?

- On sème sous abri dès février ou en pleine terre entre avril et juin pour les navets de printemps et d'été ou entre juillet et septembre pour les navets d'hiver.
- On éclaircit quand les plants ont 3 ou 4 feuilles en laissant une quinzaine de centimètres entre chaque plant.

On récolte quand ?

On récolte les navets de printemps et d'été 4 à 5 semaines après les semis et les navets d'hiver une douzaine de semaines après les semis.
Récoltez les navets, autant que possible, au fur et à mesure de vos besoins.

Astuce jardinage :

Si le navet n'aime pas la sécheresse, il n'aime pas non plus être noyé. Pour un meilleur résultat, paillez vos navets et arrosez-les régulièrement mais sans excès.

On conserve comment ?

Au réfrigérateur : dans le bac à légumes, on conserve les fanes entourées de papier absorbant très légèrement humidifié puis déposées dans une boîte en plastique fermée, pendant plusieurs jours.
Le navet débarrassé de ses fanes, rangé dans un sachet en papier puis déposé dans le bac à légumes, se conserve 1 ou 2 semaines.
Au congélateur : coupé en morceaux selon leur taille, blanchi 3 à 4 minutes à l'eau bouillante, égoutté et séché, vous pouvez le congeler sur une plaque avant de le mettre en sachet.
Le navet aussi se conserve en pickles ou lacto-fermenté en bocal.

En cuisine :

Le navet se cuisine avec d'autres légumes comme les carottes, les poireaux ou les pommes de terre pour préparer différents plats, comme les jardinières, les tajines ou le pot-au-feu.
Il est utilisé dans de très nombreux pays qui le préparent de façons très différentes des nôtres. On peut ainsi l'accommoder, creusé pour être farci, râpé et proposé comme une choucroute ou glacé au soja.
Ne mettez pas les fanes de navet systématiquement au compost, elles peuvent être cuisinées en velouté, en soupe, en pesto ou encore sautées à la poêle.

La recette

➤ **Navets sautés à l'ail et au persil p. 172**

OIGNON

On le cultive quand ?

- On sème sous abri en janvier/février jusqu'au début du printemps.
- On met en pleine terre en mars/avril en prenant garde que les dernières gelées soient passées et en laissant une quinzaine de centimètres entre chaque plant.
- On peut semer l'oignon jaune, rouge et blanc ou plus simplement mettre en terre des petits bulbes (des bulbilles) déjà prêts à être plantés.
- Préférez les oignons rouges ou blancs pour les consommer nouveaux quand ils ne sont pas encore arrivés à maturité et l'oignon jaune pour la conservation.

On récolte quand ?

On récolte les oignons nouveaux blancs et rouges alors qu'ils ne sont pas encore arrivés à complète maturation, 6 à 10 semaines après les plantations. On peut les laisser arriver à maturation mais ils se conserveront moins bien que les oignons jaunes. On récolte les oignons à maturation 3 à 4 mois après la mise en terre des bulbilles ou 5 à 6 mois après les semis, en été, dès le mois de juin et jusqu'en septembre lorsque le feuillage a bien séché.
Une fois récoltés, laissez-les sécher pendant 3 ou 4 jours au soleil avant de les rentrer.

Astuce jardinage :

Arrêtez d'arroser vos oignons quelques jours avant de récolter pour qu'ils soient bien secs avant de sécher au soleil.

Les recettes

➤ **Oignons rouges farcis à la semoule p. 142**
➤ **Œufs brouillés aux oignons nouveaux p. 168**

On conserve comment ?

Au congélateur : pelé et coupé en différentes tailles, vous pouvez le congeler sur une plaque avant de le mettre en sachet.
Évitez de mettre l'oignon dans le réfrigérateur. Les oignons, tressés entre eux et suspendus dans une pièce sombre, fraîche et sèche, peuvent se conserver plusieurs semaines. Ne conservez pas vos oignons à côté de vos pommes de terre, ils risquent d'accélérer mutuellement leur pourrissement.

En cuisine :

On cuisine entièrement l'oignon nouveau, du bulbe à la tige. Cru, il est parfait dans de nombreuses salades. Cuit, il faut prendre garde à sa cuisson qui est assez courte.
L'oignon à maturité se consomme lui aussi cru en salade, notamment l'oignon jaune et rouge et cuit de différentes façons. On l'utilise le plus souvent pour accompagner d'autres légumes mais il peut aussi se consommer seul, en soupe, en pissaladière, en beignets ou en tarte.

PANAIS

On le cultive quand ?

- On sème sous abri à partir de février/mars ou en pleine terre à partir de mai/juin après les dernières gelées.
- On met les plants en pleine terre en avril/mai quand ils font 5 centimètres de hauteur en prenant garde que les dernières gelées soient passées et en laissant une trentaine de centimètres entre chaque plant.

On récolte quand ?

On récolte à la demande 4 à 5 mois après les semis.

Astuce jardinage :

Le panais peut passer l'hiver en terre car il résiste aux gelées.

On conserve comment ?

Laissez le panais en pleine terre pour le ramasser à la demande, il ne craint pas le gel, qui stoppe sa croissance une fois arrivé à maturité.
Au réfrigérateur : dans le bac à légumes, le panais reste ferme enveloppé dans un linge humide une dizaine de jours.
Au congélateur : pelé, coupé en morceaux, blanchi 1 à 2 minutes à l'eau bouillante, égoutté et séché, vous pouvez le congeler sur une plaque avant de le mettre en sachet.
Le panais, comme d'autres légumes racines, peut également se conserver dans une cave ou dans une pièce sombre, fraîche et sèche dans des cagettes remplies de sable.

En cuisine :

Cuit, le panais se cuisine dans de nombreuses soupes, potages ou veloutés, et aussi en purée ou en gratin en l'associant, par exemple, à la pomme de terre ou à la carotte. Il peut être rôti avec d'autres légumes et avec des oignons pour réaliser de savoureux accompagnements de viandes ou de poissons. Il est également délicieux cuisiné dans un couscous ou dans un pot-au-feu.
Cru, il peut être râpé et préparé comme le céleri boule en rémoulade, ou accompagner d'autres légumes racines, comme la carotte et la betterave pour préparer des salades multicolores.

La recette

➤ **Purée de panais et saint-jacques p. 154**

PATATE DOUCE

On la cultive quand ?

- On met en pleine terre les morceaux de patate douce germés en mai en prenant garde que les dernières gelées soient passées et en laissant environ 80 centimètres entre les plants.
- On butte et on paille les patates douces et on peut éventuellement les faire monter sur des rames ou des grillages pour que leurs lianes ne s'étendent pas trop et envahissent le potager.

On récolte quand ?

On récolte 5 à 6 mois après la plantation en septembre/octobre lorsque le feuillage a jauni et avant que le froid ne s'installe durablement et que les premières gelées arrivent.

Astuce jardinage :

Pour faire germer vos patates douces, coupez-les en morceaux, puis placez-les dans une cagette remplie de terre sans les entasser et laissez-les dans un endroit chaud, humide et lumineux de 4 à 6 semaines. On peut les planter quand les germes font 3 ou 4 centimètres et qu'ils deviennent violets.

On conserve comment ?

Non lavée, elle se conserve une dizaine de jours en évitant le froid et le réfrigérateur. Mais gardez-la au frais, en dessous d'une quinzaine de degrés pour éviter qu'elle ne germe.
Il est déconseillé de congeler la patate douce crue.

En cuisine :

La patate douce se cuisine comme la pomme de terre. Lavée et séchée avec sa peau, elle peut être cuite au four en robe des champs, pelée et coupée en morceaux, elle sera cuite à l'eau, à la vapeur, au four, à la poêle ou en friture. Elle se prépare en purée gourmande, en frites ou en chips, en gratin ou en soupe.
En purée ou en morceaux, elle peut même entrer dans la préparation de délicieux desserts, gâteau au chocolat, brownie, crumble, gaufre ou en tarte avec de la noix de coco.

La recette

➤ Patates douces farcies tomates et herbes p. 146

PETIT POIS

On le cultive quand ?

- On sème en pleine terre les variétés de petits pois à grain rond (lisse) de mi-février à mi-mars et les variétés ridées en mars/avril.
- Préférez les variétés naines pour les pots, les bacs et le potager et les variétés à rames seulement pour le potager.

On récolte quand ?

On cueille 3 à 4 mois après le semis depuis le printemps jusqu'à l'automne selon les variétés et la période de semis.

Astuce jardinage :

Tuteurés et couverts d'un filet, vos petits pois seront à l'abri du vent et des oiseaux qui adorent les picorer.

On conserve comment ?

Au réfrigérateur : sans les écosser, emballés dans un sac en papier déposé dans le bac à légumes, les petits pois se conservent 3 ou 4 jours. Une fois écossés, il faut les consommer sans attendre.
Au congélateur : écossés puis blanchis 1 minute à l'eau bouillante, égouttés et séchés, vous pouvez les congeler en sachet.

En cuisine :

Souvent utilisés en accompagnement d'une viande ou d'un poisson, les petits pois peuvent permettre de réaliser de véritables plats complets, seuls ou associés à d'autres légumes, en les préparant en curry, en tajine ou en tortilla. Ils permettent également de réaliser des recettes plus originales en les cuisinant en

cappuccino, en tartinade ou en muffins. Associés aux lardons, les petits pois peuvent être préparés de nombreuses façons, en quiche, en velouté ou en cake.
Ne mettez pas les cosses de petits pois systématiquement au compost, elles peuvent être cuisinées sautées à la poêle, farcies ou en velouté.

Les recettes

➤ **Tartines aux petits pois et avocat p. 80**
➤ **Salade de pommes de terre et petits pois p. 110**

POIREAU

On le cultive quand ?

- On sème sous abri dès janvier et jusqu'à septembre. La période la plus favorable pour semer les poireaux se situe entre mars et avril.
- On éclaircit régulièrement jusqu'à laisser toute la place nécessaire au plant le plus vigoureux.
- On met en pleine terre quand les plants sont aussi grands qu'un crayon, en coupant légèrement les feuilles et les racines et en laissant une dizaine de centimètres entre chaque plant.

On récolte quand ?

On peut récolter le poireau pratiquement toute l'année depuis le printemps jusqu'à l'automne. Si vous avez semé vos poireaux entre mars et avril, vous pourrez les récolter à l'automne.

Astuce jardinage :

Le blanc du poireau s'obtient par buttage, on ramène la terre autour du poireau afin d'obtenir une butte, seule la partie enterrée sera blanche.

On conserve comment ?

Au réfrigérateur : dans le bac à légumes, gardé entier, le poireau se conserve 2 semaines.
Au congélateur : coupé en rondelles ou en morceaux, vous pouvez le congeler directement en sachet.

En cuisine :

Le poireau se mange en entier, le blanc comme le vert, mais le blanc est plus souvent valorisé en cuisine. Dans ce cas, réservez le vert pour réaliser de savoureux bouquets garnis.
Le poireau se mange cuit, mais les jeunes poireaux peuvent se manger crus surtout s'ils sont émincés finement et utilisés par exemple dans des salades composées à la place de l'oignon ou de la cive.
Le poireau peut être rôti au four, cuit à la vapeur ou à l'eau bouillante. On peut aussi le braiser doucement à la poêle pour faire une délicieuse fondue.

Les recettes

- ➤ **Tarte aux poireaux et au chèvre p. 94**
- ➤ **Nos poireaux rôtis à la vinaigrette p. 100**

POIVRON

On le cultive quand ?

- On sème sous abri de janvier à mars.
- On met en pleine terre à la fin mai ou début juin en prenant garde que les dernières gelées soient passées et en laissant une quarantaine de centimètres entre chaque plant.
- On fera de la même façon pour semer puis mettre en pleine terre les piments.

On récolte quand ?

On cueille d'août à octobre, dès que le poivron a atteint la couleur de maturité désirée, vert, jaune, orange ou rouge.

Astuce jardinage :

Au potager, les poivrons n'aiment pas les endroits ventés ni la compagnie des concombres.

On conserve comment ?

Au réfrigérateur : dans un sac ou un contenant entrouvert dans le bac à légumes, le poivron se conserve une bonne semaine.
Au congélateur : lavé, séché et coupé en morceaux, vous pouvez le congeler sur une plaque avant de le mettre en sachet.
Le poivron une fois grillé se conserve parfaitement dans l'huile. Il peut également se conserver en pickles dans le vinaigre.

En cuisine :

Le poivron fait partie intégrante des cuisines méditerranéennes. Plus digeste cuit et débarrassé de sa peau, il suffit de le griller, de le mettre dans un sachet, pour que la peau s'enlève très facilement.
On peut également le consommer cru dans de nombreuses salades. Dans tous les cas, il faut veiller à bien retirer les graines et les pédoncules.
Il peut aussi être farci de nombreuses façons avec ou sans viande, compoté à couvert et à feu doux, rôti au four, poêlé avec d'autres légumes et préparé par exemple à l'asiatique ou cuit à la vapeur pour des recettes plus légères.

Les recettes

➤ **Poivronnade p. 74**
➤ **Soupe con carne aux poivrons p. 122**

POMME DE TERRE

On la cultive quand ?

- On met en pleine terre en avril les tubercules germés en laissant une trentaine de centimètres entre chaque plant.
- On butte les plants quand ils ont atteint une dizaine de centimètres de hauteur en ramenant la terre tout autour afin d'obtenir une butte.
- Pour faire germer vos pommes de terre, placez-les dans une cagette sans les entasser et laissez-les dans un endroit frais et lumineux de 4 à 6 semaines. Elles sont prêtes pour être mises en pleine terre quand les germes font 3 ou 4 centimètres et deviennent violets. Prenez juste garde que les pommes de terre que vous voulez utiliser ne soient pas anti-germinatives.

On récolte quand ?

On ramasse de juin à novembre selon les variétés lorsque le feuillage devient jaune, sans attendre qu'il soit totalement desséché.

Astuce jardinage :

Pour avoir de belles pommes de terre, ne les plantez pas proches des tomates ou des concombres.

On conserve comment ?

Pour éviter la germination des pommes de terre et les conserver plusieurs mois, stockez-les dans un endroit frais, sec et aéré, à l'abri de la lumière. Attention, une pomme de terre qui a verdi n'est plus consommable.
Au réfrigérateur : dans le bac à légumes, la pomme de terre reste ferme plusieurs semaines. Il est déconseillé de congeler les pommes de terre crues.

Ne conservez pas vos pommes de terre à côté de vos oignons, ils risquent d'accélérer mutuellement leur pourrissement.

En cuisine :

La pomme de terre est consommée dans le monde entier, elle est même la base de l'alimentation dans différents pays.
La pomme de terre ne se mange jamais crue. Cuite, elle est cuisinée lavée avec ou sans la peau. Elle se plie à de nombreux modes de cuisson, à la vapeur, à l'étouffée, rissolée, au four, en friture, bouillie... Incontournable en frites, en gratin ou en purée, elle fait tout aussi bien partie de la cuisine du quotidien que des repas de fêtes.

Les recettes

- ➤ **Salade de pommes de terre et petits pois p. 110**
- ➤ **Salade de pommes de terre et cabillaud p. 116**

RADIS

On le cultive quand ?

- On sème en pleine terre dès le mois de mars et jusqu'à la fin de l'été, voire le début de l'automne si le climat le permet.
- On éclaircit dès que les graines ont germé en gardant les plants les plus vigoureux et en laissant 5 centimètres entre chaque plant.
- La culture des radis peut aussi bien se faire en pot, en bac ou au potager.

On récolte quand ?

On cueille 4 à 6 semaines après les semis, lorsqu'ils sont encore assez petits, et au fur et à mesure de leur maturation.

Astuce jardinage :

Si vous voulez de beaux radis, ne les plantez pas proches de courges, choux ou pommes de terre.

On conserve comment ?

Au réfrigérateur : dans le bac à légumes, les radis se gardent 1 semaine non lavés dans une boîte hermétique tapissée de papier absorbant très légèrement humidifié.
S'ils ont perdu en fermeté, plongez-les dans un bol d'eau froide.
La congélation n'est pas conseillée.
Le radis peut aussi se conserver en pickles ou lacto-fermenté en bocal.

En cuisine :

Le radis se mange avec sa peau, et se croque cru, accompagné de sel et de beurre. Il peut se préparer cru, en tartinade à base de fromage frais, haché pour être parsemé sur un guacamole, coupé en très fines tranches pour apporter son goût et sa couleur à de nombreuses salades.
Mais il peut aussi être poêlé, seul ou en compagnie d'autres légumes, pour accompagner poisson ou viande blanche.
Ne mettez pas les fanes de radis systématiquement au compost, elles peuvent être cuisinées en velouté, en soupe, en pesto ou encore sautées à la poêle.

La recette

➤ **Fromage frais aux radis p. 72**

RHUBARBE

On la cultive quand ?

- On sème au printemps ou en été.
- On met en terre de septembre à mars les semis préparés ou des rhizomes déjà prêts à planter à l'automne même s'ils peuvent aussi être plantés au printemps.
- Compte tenu de la place que va prendre un plan de rhubarbe, environ 1 m de diamètre, il vaut mieux l'éviter au potager et lui réserver sa propre place.

On récolte quand ?

On cueille la rhubarbe deux fois par an, au printemps et à l'automne en cassant les branches à leur base. Préférez cueillir les tiges de rhubarbe jeunes quand elles sont les plus tendres.

Astuce jardinage :

Utilisez les vieilles feuilles de rhubarbe pour en faire un purin. C'est un excellent répulsif contre les pucerons.

On conserve comment ?

Au réfrigérateur : dans le bac à légumes, la rhubarbe, débarrassée de ses feuilles, se conserve plusieurs jours enveloppée dans un torchon.
Au congélateur : coupée en morceaux, vous pouvez la congeler sur une plaque avant de la mettre en sachet. Après décongélation et avant usage, laissez-la égoutter longuement.

En cuisine :

Bien qu'étant considérée comme un légume, la tige de rhubarbe se cuisine surtout comme un fruit, en confiture, en tarte, en muffins, en crumble, en purée ou en compote.
Pour rendre la rhubarbe moins filandreuse, vous pouvez la peler à l'économe.
Pour éviter de détremper vos préparations, vous pouvez faire dégorger votre rhubarbe coupée en morceaux, en la mettant dans un saladier avec un peu de sucre en poudre toute la nuit. Le matin, égouttez bien le tout.
Si vous n'avez pas le temps, faites revenir rapidement la rhubarbe avec du sucre en poudre dans une poêle chaude avant de l'égoutter.

La recette

➤ **Tarte à la rhubarbe p. 182**

ROQUETTE

On la cultive quand ?

- On sème en pleine terre d'avril à août en renouvelant les semis toutes les 4 à 6 semaines.
- La roquette étant sensible à la chaleur, il vaut mieux ne pas la cultiver en été pour éviter qu'elle ne jaunisse ou ne monte en graines rapidement.

On récolte quand ?

On cueille 5 à 6 semaines après le semis, à la demande ; en récoltant les feuilles une à une sans arracher le pied tant que la roquette n'a pas fleuri. Lorsque la roquette fleurit, ses feuilles deviennent très piquantes en goût. Les fleurs sont aussi comestibles.

Astuce jardinage :

La roquette n'est vraiment pas difficile à faire pousser si vous pensez à l'arroser régulièrement.

On conserve comment ?

Au réfrigérateur : entourée de papier absorbant dans un sac en plastique, la roquette se garde quelques jours.
Au congélateur : rincée, séchée et hachée, vous pouvez la congeler sur une plaque avant de la mettre en sachet.
Après congélation, la roquette s'utilise seulement dans des préparations cuites.

En cuisine :

La roquette peut se consommer crue comme cuite. Crue, elle est parfaite en pesto, dans de nombreuses salades ou posée sur une pizza à la sortie du four. Cuite, rapidement sautée à la poêle, elle sera parfaite dans une omelette, dans une quiche ou un plat de pâtes.
Très prisée en Italie, elle s'invite là-bas dans les plats de lasagnes, les boulettes ou les risottos. Elle peut aussi apporter son goût piquant dans différents smoothies associée à des fruits ou à d'autres légumes.

La recette

➤ **Quiche à la roquette p. 90**

SALADES FRISÉE ET ROMAINE

On les cultive quand ?

- On sème la frisée et la romaine en pleine terre entre avril et juin en prenant garde que les dernières gelées soient passées ou en les protégeant sous tunnel en laissant une quarantaine de centimètres entre chaque plant.
- Ces salades peuvent être semées plus tôt, dès février et plus tardivement, jusqu'à la fin de l'été, mais dans ce cas il faudra les cultiver sous abri.

On récolte quand ?

On récolte ces deux salades 6 à 8 mois après les semis dès que les cœurs sont bien fournis et qu'elles ont atteint une belle taille.

Astuce jardinage :

Pour que les frisées aient un cœur bien blanc, on rassemble les feuilles vers le centre, on les attache pour les maintenir, puis on les met sous cloche sous un pot en terre pendant une dizaine de jours. Certaines variétés de frisées blanchissent sans aucune action.

On conserve comment ?

Au réfrigérateur : dans le bac à légumes, lavées et essorées puis rangées dans un contenant hermétique avec du papier absorbant, les salades se conservent 4 à 5 jours.
Il n'est pas conseillé de congeler la frisée et la romaine.

En cuisine :

Souvent utilisée crue dans de nombreuses salades composées en compagnie d'autres légumes, mais aussi de viandes blanches émincées ou de poissons émiettés, la romaine peut aussi être dégustée cuite. Elle sera alors cuite à la vapeur, sautée, braisée, pour réaliser des veloutés, accompagner des jardinières de légumes ou des volailles.
Souvent cuisinée avec des lardons, la frisée peut se préparer de nombreuses autres façons. En salade composée, elle peut être associée à d'autres ingrédients froids mais aussi chauds, avec des gésiers confits ou des œufs pochés, pour obtenir de réconfortantes salades tièdes.
N'assaisonnez pas votre salade trop longtemps à l'avance sinon elle va « cuire » et elle perdra son croquant en se ramollissant.

Les recettes

➤ **Notre salade César p. 112**
➤ **Frisée au magret de canard et roquefort p. 114**

THYM ET ROMARIN

On les cultive quand ?

- On sème le thym sous abri en février/mars.
- On met le thym en pleine terre en avril/mai en prenant garde que les dernières gelées soient passées.
- On met le romarin en pleine terre au printemps en prenant garde que les dernières gelées soient passées ou à l'automne.
- N'hésitez pas à multiplier vos pieds de thym et de romarin, en divisant le thym et en bouturant le romarin.

On récolte quand ?

On cueille à la demande, une fois les plants bien développés tout au long de l'année. Évitez toutefois de récolter pendant les périodes de gel. Le thym et le romarin sont des plantes que l'on peut retrouver d'une année sur l'autre.

Astuce jardinage :

Le thym et le romarin trouvent parfaitement leur place au potager mais également dans de plus petits contenants, en pot ou bac pour se développer sur les terrasses ou les balcons.

On conserve comment ?

Suspendus dans une pièce aérée, vous pourrez ensuite les stocker dans une boîte hermétique une fois qu'ils seront totalement secs.
Au congélateur : congelés, en sachet, le thym et le romarin pourront vous servir tout l'hiver.
Débarrassés de leur branche, vous pouvez confectionner des glaçons d'eau avec les feuilles de thym ou romarin pour vous en servir toute l'année en cuisine.

En cuisine :

Le thym et le romarin frais ou séchés font partie intégrante des cuisines du Sud. Ils accompagnent à merveille les légumes comme les pommes de terre, les courgettes ou les aubergines. Mais aussi les poissons, les viandes blanches, les fruits et même le fromage.
Ce sont deux indispensables des bouquets garnis.
En infusion, ils ont des vertus antivirales et anti-infectieuses qui sont bienvenues en hiver.

Les recettes

➤ **Focaccia au romarin p. 84**
➤ **Notre infusion aux herbes p. 188**

TOMATE ET TOMATE CERISE

On les cultive quand ?

- On sème sous abri de février/mars jusqu'en avril.
- On met en pleine terre en mai après que les dernières gelées sont passées et en laissant environ 80 centimètres entre chaque plant.

On récolte quand ?

On cueille 4 à 5 mois après le semis à partir de l'été et jusqu'à l'automne si les températures le permettent, dès que les tomates ont de belles couleurs.
En fin de saison, arrachez les pieds portant encore des tomates et accrochez-les la tête en bas au chaud ou cueillez les tomates et rangez-les dans un sac en papier dans un tiroir pour qu'elles finissent de mûrir.

Astuce jardinage :

Vous pouvez avoir de belles productions de tomates en les plantant au potager, en bac ou en pot, au jardin comme sur les terrasses ou les balcons.

On conserve comment ?

Évitez le réfrigérateur pour conserver la tomate, et stockez-la dans une corbeille au frais pendant plusieurs jours.
Au congélateur : coupée en rondelles ou en morceaux, vous pouvez la congeler sur une plaque avant de la mettre en sachet. Après congélation, la tomate s'utilise seulement dans des préparations cuites.
Vous pouvez aussi stériliser la tomate en bocal pour en profiter toute l'année.

En cuisine :

La tomate est incontournable dans nombre de recettes du bassin méditerranéen.

Cuite, rôtie ou poêlée, on la retrouve dans différents pays dans des recettes similaires, comme la tomate farcie, la soupe à la tomate, la ratatouille ou encore de nombreuses sauces, que ce soit pour préparer les pizzas, les pâtes, la chakchouka et bien d'autres recettes. Confites au four, les tomates coupées en quartiers ou les tomates cerises entières peuvent être consommées sans attendre ou être conservées dans l'huile. Crue, on la savoure dans le gaspacho et dans une multitude de salades.
La tomate verte peut s'utiliser pour préparer des beignets, de la confiture ou des pickles.

Les recettes

- **Beignets de tomates vertes p. 76**
- **Notre panzanella tomates et chorizo p. 86**
- **Fenouil à la tomate et aux boulettes de veau p. 132**
- **Nos tomates farcies p. 140**
- **Patates douces farcies tomates et herbes p. 146**
- **Pâtes aux tomates cerises rôties p. 164**

TOPINAMBOUR

On le cultive quand ?

- On met en pleine terre en mars/avril les tubercules en laissant environ 80 centimètres entre chaque plant.
- Si vous oubliez quelques topinambours en terre, il est très probable que de nouveaux plants pousseront l'année suivante.

On récolte quand ?

On récolte à la demande à partir d'octobre et pratiquement tout l'hiver à partir du moment où le feuillage est complètement fané.

Astuce jardinage :

Contenez les topinambours dans un coin du potager car ils s'étendent rapidement d'une année sur l'autre et épuisent les sols.

On conserve comment ?

Au réfrigérateur : dans le bac à légumes, le topinambour se conserve 1 semaine dans un sac en papier.
Au congélateur : lavé, séché et coupé en morceaux, vous pouvez le congeler sur une plaque avant de le mettre en sachet.

En cuisine :

Épluché ou brossé sous l'eau puis coupé en morceaux et plongé dans l'eau froide citronnée pour éviter qu'il s'oxyde, le topinambour se consomme de nombreuses façons.
Le plus souvent cuit, il peut aussi être consommé cru taillé en très fines tranches, en fins bâtonnets ou râpé, il se cuisine notamment en salades.

Pour une cuisson à l'eau, ajoutez 1 pincée de bicarbonate pour en faciliter la digestion.
Une fois cuit, le topinambour peut se cuisiner comme la pomme de terre, seul ou mélangé à d'autres légumes, en purée, en frites, poêlé ou encore en soupes ou dans de délicieux gratins ou des tartes gourmandes.

La recette

➤ **Topinambours et saucisses rôtis p. 156**

60 RECETTES
POUR LES DÉGUSTER

Notre tsatsiki au concombre

Pour 4 personnes
Préparation : 15 min

1 petit concombre
1 petit oignon
6 tiges de menthe effeuillées
6 cuil. à soupe de pistaches émondées
300 g de yaourt à la grecque
6 cuil. à soupe de graines de grenade
2 tiges d'aneth effeuillées
4 cuil. à soupe d'huile d'olive
Sel et poivre

Lavez et coupez le concombre en petits cubes. Pelez, puis coupez l'oignon en petits cubes. Déchirez grossièrement les feuilles de menthe à la main. Hachez grossièrement les pistaches.

Mettez dans un saladier le concombre, l'oignon, le yaourt, les deux tiers des graines de grenade, des pistaches, des herbes et de l'huile. Salez, poivrez et mélangez le tout.

Déposez le tsatsiki dans une grande assiette et parsemez les graines de grenade, pistaches et herbes restantes. Terminez en arrosant avec l'huile restante.

N'hésitez pas à utiliser d'autres herbes selon ce que vous avez dans le potager, persil, coriandre ou cerfeuil par exemple.

Fromage frais aux radis

Pour 4 personnes
Préparation : 20 min

1 botte de radis
2 oignons nouveaux
1 douzaine de tiges de ciboulette
4 tiges de persil plat
300 g de fromage frais lisse
100 g de ricotta
3 cuil. à soupe d'huile d'olive
1 cuil. à soupe de citron vert
30 g de cerneaux de noix
Sel et poivre

Débarrassez les radis des fanes et des queues, lavez-les, puis séchez-les. Coupez-les en trois ou quatre. Hachez très grossièrement les oignons nouveaux et les herbes. Hachez grossièrement les noix.

Mettez dans un mixeur les oignons nouveaux et les herbes. Donnez quelques tours de mixeur. Ajoutez les radis et mixez à nouveau en veillant à ne pas hacher trop finement.

Versez dans un saladier le fromage frais, la ricotta, l'huile d'olive, le citron vert, du sel, du poivre et mélangez. Ajoutez le contenu du mixeur et mélangez.

Versez le tout dans un plat et répartissez les noix concassées. Vous pouvez également ajouter quelques herbes et un filet d'huile d'olive.

Servez avec des tranches de pain passées au grille-pain.

Ne jetez surtout pas les fanes des radis, vous pourrez réaliser un très joli velouté en les faisant cuire avec une pomme de terre coupée en cubes.

Poivronnade

Pour 4 personnes
Préparation : 10 min
Cuisson : 20 min

6 poivrons de couleurs différentes
1 gousse d'ail
2 cuil. à soupe d'huile d'olive
1 cuil. à café de cumin en poudre
1 cuil. à café de harissa
2 cuil. à soupe de miel liquide
1 cuil. à soupe de jus de citron
4 cuil. à soupe de bouillon de légumes en poudre
4 tiges d'origan effeuillées
4 grandes tranches de pain grillé
Sel et poivre

Lavez et coupez les poivrons en deux, puis enlevez les graines et les pédoncules et détaillez-les en lanières. Pelez et hachez l'ail.

Faites chauffer à feu moyen l'huile d'olive dans une grande poêle. Ajoutez les poivrons et faites-les revenir une douzaine de minutes en remuant régulièrement, jusqu'à ce qu'ils commencent à ramollir et à dorer.

Ajoutez l'ail, le cumin, la harissa, le miel, le jus de citron, le bouillon de légumes et l'origan. Salez, poivrez et remuez bien le tout. Prolongez la cuisson pendant quelques minutes jusqu'à ce que les poivrons soient enrobés d'une sauce épaisse.

Servez sans attendre sur de grandes tranches de pain grillé.

Vous pouvez transformer cette poivronnade en tartinade en la mixant finement en fin de cuisson.

Beignets de tomates vertes

Pour 4 personnes
Préparation : 15 min
Repos : 30 min
Cuisson : 3 min

800 g de tomates vertes
15 cl de lait
1 cuil. à café de jus de citron
90 g de fécule de maïs
180 g de farine
1 bain d'huile de friture
Sel et poivre

Ketchup maison express

Dans une casserole, faites cuire à feu moyen pendant 10 minutes 500 g de tomates pelées, épépinées et grossièrement hachées avec 1 cuillerée à soupe de cassonade, 1 de miel, 1 de vinaigre de cidre et 1 d'oignons frits. Ajoutez 1 cuillerée à café d'huile d'olive et 1 de Worcestershire sauce, et enfin ¼ de cuillerée à café d'herbes de Provence et ¼ d'ail en poudre. Mixez, passez à travers une passoire fine et faites réduire dans une casserole à feu doux jusqu'à obtenir la consistance du ketchup.

Mélangez dans un grand bol le lait et le jus de citron. Ajoutez 30 g de fécule et la farine. Salez, poivrez et mélangez bien. Laissez reposer une trentaine de minutes, puis mélangez de nouveau. Ajoutez un peu de lait si la pâte est trop épaisse.

Lavez et séchez les tomates. Retirez les pédoncules, puis coupez-les en tranches. Déposez-les au fur et à mesure du papier absorbant.

Versez la fécule restante dans une assiette creuse et la pâte à beignets dans une autre.

Préchauffez l'huile de friture à 180 °C.

Passez les tranches de tomate dans la fécule, puis dans la pâte à beignets. Laissez égoutter le surplus de pâte, puis plongez-les dans l'huile pendant 2 à 3 minutes. Déposez les beignets sur une assiette couverte de papier absorbant pour éponger le surplus d'huile.

Dégustez chaud pour profiter du croustillant des beignets.

Pour déguster vos beignets, n'hésitez pas à les servir avec un ketchup maison relevé à votre goût.

Aubergines pizza

Pour 4 personnes
Préparation : 15 min
Cuisson : 20 min

2 aubergines
12 cuil. à soupe de coulis de tomates
1 cuil. à café d'ail semoule
½ cuil. à café de thym
6 cuil. à soupe d'huile d'olive
150 g de mozzarella râpée
1 trentaine de petites olives noires à l'huile d'olive dénoyautées
4 tiges de basilic effeuillées
Huile pimentée pour servir
Sel et poivre

Préchauffez le four à 200 °C (th. 6-7).

Mélangez dans un bol le coulis de tomates avec l'ail semoule, le thym, du sel et du poivre. Réservez.

Coupez les aubergines en tranches, quadrillez la chair avec la pointe d'un couteau, puis nappez-les d'huile d'olive à l'aide d'un pinceau.

Déposez les tranches d'aubergine huilées sur une plaque recouverte de papier cuisson.

Enfournez pour 10 minutes.

Nappez chaque tranche d'aubergine de coulis de tomates. Ajoutez la mozzarella râpée et enfournez de nouveau pour une dizaine de minutes en surveillant la cuisson.

Servez dans les assiettes, puis terminez en répartissant dessus les olives, les feuilles de basilic et en arrosant de quelques gouttes d'huile pimentée.

Variez les plaisirs en remplaçant la mozzarella par votre fromage préféré.

Tartines aux petits pois et avocat

Pour 4 personnes
Préparation : 10 min
Cuisson : 3 min

200 g de petits pois frais écossés

1 cuil. à soupe de graines mélangées (courge, tournesol, sésame...)

4 cuil. à soupe de pistaches émondées

2 tiges de menthe effeuillées

1 cuil. à soupe d'huile d'olive

2 petits avocats

2 cuil. à soupe de jus de citron

4 belles tranches de pain grillé

Sel et poivre

Faites cuire les petits pois dans une casserole d'eau bouillante salée durant 3 minutes. Vérifiez la cuisson et prolongez-la si nécessaire. Égouttez rapidement les petits pois, jetez-les dans un saladier d'eau froide, puis égouttez-les de nouveau.

Hachez grossièrement les graines et les pistaches et mélangez le tout.

Hachez grossièrement la menthe. Écrasez rapidement les petits pois à la fourchette. Ajoutez la menthe et l'huile d'olive, salez et poivrez, puis mélangez bien.

Coupez les avocats en deux, retirez la peau et le noyau, puis coupez-les en tranches. Arrosez-les avec 1 cuillerée de jus de citron.

Toastez les tranches de pain. Déposez dessus l'avocat, puis les petits pois et enfin les graines aux pistaches.

Arrosez les tartines d'un filet d'huile d'olive et de jus de citron, et servez.

Si vous voulez préserver la couleur de vos petits pois, ajoutez quelques pincées de bicarbonate alimentaire dans l'eau de cuisson.

Naans à l'ail

Pour 10 naans
Préparation : 15 min
Cuisson : 30 min
Repos : 10 min

300 g de farine
5 g de levure chimique
1 pincée de sel
1 cuil. à soupe d'huile végétale
1 yaourt nature
10 cl d'eau tiède

Pour la sauce à l'ail :
3 gousses d'ail
6 tiges de coriandre
10 cl d'huile d'olive

Préparez la sauce. Pelez, puis passez l'ail au presse-ail. Hachez la coriandre. Faites chauffer l'huile d'olive dans une petite casserole et faites-y revenir l'ail très rapidement. Laissez tiédir avant d'y ajouter la coriandre. Réservez cette huile parfumée.

Mélangez la farine, la levure et le sel dans un saladier. Ajoutez l'huile végétale et le yaourt. Versez l'eau peu à peu jusqu'à obtenir une pâte molle et légèrement collante. Formez une boule et laissez reposer 10 minutes dans le saladier.

Séparez la pâte en 10 parts égales, formez des boules, puis étalez-les en disques de 15 cm de diamètre environ.

Faites cuire les naans dans une poêle antiadhésive bien chaude 3 à 4 minutes de chaque côté jusqu'à ce qu'ils soient bien dorés. Dès qu'un naan est cuit, badigeonnez-le avec l'huile parfumée et empilez-les, les uns sur les autres.

Gardez les naans au chaud, empilés sur une assiette en les entreposant dans votre four préchauffé à 80 °C (th. 2-3).

Si vous n'aimez pas la coriandre, vous pouvez la remplacer par du persil plat ou du cerfeuil.

Focaccia au romarin

Pour 4 personnes
Préparation : 20 min
Repos : 1 h 25 min
Cuisson : 12 min

2 tiges de romarin
1 cuil. à café de miel
4 g de levure de boulanger déshydratée
10 cl d'eau tiède + 1 cuil. à soupe
6 g de fleur de sel
3 cuil. à soupe d'huile d'olive
150 g de farine

Mélangez dans un bol le miel et la levure avec 2 cl d'eau tiède. Laissez reposer 10 minutes.

Versez, dans le bol d'un robot équipé d'un crochet, l'eau restante, 4 g de fleur de sel et 1 cuillerée à soupe d'huile.

Ajoutez la moitié de la farine et mélangez. Incorporez la levure délayée, puis la farine restante. Laissez tourner le robot jusqu'à ce que la pâte se décolle des parois. Roulez la pâte en boule, couvrez-la d'un torchon et laissez-la lever 15 minutes à température ambiante.

Versez 1 cuillerée à soupe d'huile d'olive dans un moule de 20 cm de diamètre environ. Déposez-y la pâte et recouvrez de film alimentaire. Laissez reposer 30 minutes.

Étalez la pâte pour qu'elle recouvre le plat entier. Couvrez à nouveau avec le film alimentaire. Laissez reposer la pâte 30 minutes de plus.

Préchauffez le four à 240 °C (th. 8).

Versez l'huile restante et 1 cuillerée à soupe d'eau tiède sur la pâte et badigeonnez avec vos mains. Marquez la pâte en profondeur avec le bout de vos doigts, pour lui donner l'aspect typique des focaccias. Faites une vingtaine de trous. Plantez des plumeaux de romarin dans chaque trou. Parsemez la fleur de sel restante. Enfournez pour 12 minutes.

Juste à la sortie du four, vous pouvez arroser votre focaccia d'un léger filet d'huile pimentée.

Notre panzanella tomates et chorizo

Pour 4 personnes
Préparation : 15 min
Cuisson : 10 min

400 g de tomates
½ oignon rouge
90 g de chorizo
150 g de pain
½ poivron vert
1 cuil. à soupe d'huile d'olive
4 cuil. à soupe de petites olives noires à l'huile d'olive dénoyautées
2 tiges de basilic effeuillées

Pour la sauce :

4 cuil. à soupe d'huile d'olive
2 cuil. à soupe de vinaigre de cidre
½ cuil. à café de thym séché
Sel et poivre

Préchauffez le four à 180 °C (th. 6).

Mélangez dans un bol tous les ingrédients de la sauce.

Lavez et coupez les tomates en morceaux. Pelez, puis émincez l'oignon. Coupez le chorizo en demi-tranches.

Coupez le pain en morceaux et mettez-le dans un saladier. Lavez le poivron, épépinez-le, puis coupez-le en morceaux et ajoutez-le dans un saladier. Versez l'huile, mélangez bien le tout, puis étalez ce mélange sur une plaque recouverte de papier cuisson.

Enfournez pour 5 à 10 minutes en mélangeant de temps en temps jusqu'à ce que les morceaux de pain soient bien dorés. Laissez refroidir.

Mettez dans un saladier les tomates, le chorizo, le pain, le poivron, l'oignon, les olives et le basilic et mélangez le tout. Arrosez avec la sauce tout en mélangeant. Vous pouvez attendre un peu, le temps que toutes les saveurs s'exhalent et remuer une dernière fois avant de déguster.

Remplacez tout ou partie de l'huile d'olive par l'huile contenue dans le bocal des olives.

Galettes aux cébettes

Pour 4 personnes
Préparation : 15 min
Repos : 45 min
Cuisson : 20 min

4 cébettes
300 g de farine
1 cuil. à café de levure chimique
1 cuil. à café de curry en poudre
20 cl d'eau chaude
4 cuil. à café d'huile de tournesol + un peu pour le façonnage, le plan de travail et la cuisson
Sel et poivre

Émincez très finement les cébettes.

Versez dans un saladier la farine, la levure et le curry en poudre, du sel et du poivre et mélangez. Ajoutez l'eau et l'huile et pétrissez jusqu'à obtenir une pâte lisse et élastique. Déposez la pâte dans le saladier après l'avoir légèrement huilé. Laissez reposer une trentaine de minutes.

Coupez la pâte en quatre, puis étalez chaque boule de pâte sur un plan de travail très légèrement huilé de manière à obtenir un disque de 20 cm environ de diamètre. Parsemez un quart des cébettes sur chaque galette. Enroulez les galettes sur elles-mêmes, puis roulez-les en escargot. Laissez reposer une quinzaine de minutes.

Étalez les escargots au rouleau de manière à obtenir un disque de 20 cm environ.

Arrosez les galettes d'un petit filet d'huile, puis faites-les cuire dans une poêle à feu vif. Comptez 2 à 3 minutes de chaque côté.

Servez éventuellement ces galettes avec un hachis de tomates cerises et de cébettes ou la sauce de votre choix.

Si vous voulez parfumer vos galettes encore plus, vous pouvez remplacer 2 cuillerées à café d'huile de tournesol par de l'huile de sésame.

Quiche à la roquette

Pour 4 personnes
Préparation : 10 min
Cuisson : 30 min

90 g de roquette
1 rouleau de pâte brisée
180 g de crème fraîche
4 œufs
60 g de cheddar râpé
2 cuil. à café de curry en poudre
Beurre + farine pour le moule
Sel et poivre

Préchauffez le four à 180 °C (th. 6).

Étalez la pâte dans un moule à tarte beurré et fariné et piquez le fond avec une fourchette.

Mélangez dans un saladier la crème, les œufs, le cheddar et le curry, un peu de sel et de poivre.

Ajoutez 60 g de roquette et mélangez.

Versez le contenu du saladier sur la pâte. Enfournez pour 30 minutes.

Laissez tiédir ou refroidir et déposez la roquette restante sur la quiche au moment de servir.

Vous pouvez remplacer le cheddar par un autre fromage comme le comté ou le gruyère.

Tarte soleil à la courgette et pesto

Pour 4 personnes
Préparation : 15 min
Cuisson : 20 min

½ courgette
1 vingtaine de tomates cerises
1 boîte de thon à l'huile
1 rouleau de pâte feuilletée
4 cuil. à soupe de pesto
8 tranches de bûche de chèvre
8 feuilles de basilic
1 jaune d'œuf
2 cuil. à café de mélange de graines (tournesol, sésame, courge...)
Sel et poivre

Préchauffez le four à 180 °C (th. 6).

Lavez la courgette et les tomates cerises. Tranchez la courgette très finement et coupez les tomates cerises en quatre.

Égouttez et émiettez le thon.

Déroulez la pâte feuilletée et déposez-la sur une feuille de papier cuisson directement sur la plaque du four. Tracez un cercle d'une quinzaine de centimètres en son centre, puis découpez à l'intérieur de ce cercle 8 triangles égaux.

Étalez le pesto sur le pourtour de la pâte à l'aide du dos d'une cuillère. Déposez par-dessus en alternant, la courgette, les tomates, les tranches de fromage de chèvre, les feuilles de basilic et le thon. Salez légèrement et poivrez.

Repliez les triangles de pâte vers l'extérieur, puis badigeonnez de jaune d'œuf et parsemez les graines. Enfournez pour 20 minutes.

N'hésitez pas à faire votre pesto maison en suivant notre recette de pesto au basilic p. 166.

Tarte aux poireaux et au chèvre

Pour 4 personnes
Préparation : 15 min
Repos : 30 min
Cuisson : 50 min

3 poireaux
20 g de beurre
3 œufs
180 g de crème fraîche épaisse
5 tranches de bûche de chèvre frais
Sel et poivre

Pour la pâte brisée :
250 g de farine + un peu pour le moule
120 g de beurre + un peu pour le moule
1 jaune d'œuf
1 cuil. à soupe d'eau
1 pincée de sel

Préchauffez le four à 180 °C (th. 6).

Préparez la pâte brisée en mélangeant dans un mixeur la farine, le beurre, le jaune d'œuf, l'eau et le sel. Mixez jusqu'à obtenir une boule de pâte. Laissez reposer 30 minutes au réfrigérateur.

Émincez les poireaux en fins tronçons, puis lavez-les. Déposez-les dans une sauteuse avec le beurre. Faites fondre les poireaux à couvert en remuant régulièrement une vingtaine de minutes. Salez, poivrez.

Mélangez dans un saladier les œufs et la crème. Ajoutez les poireaux tiédis. Salez et poivrez.

Étalez la pâte dans un moule beurré et fariné, puis piquez le fond à l'aide d'une fourchette.

Versez le mélange aux poireaux dans le moule, puis déposez le fromage de chèvre coupé en tranches. Enfournez pour une vingtaine de minutes.

Pour une version plus complète, vous pouvez ajouter des dés de saumon fumé en même temps que les poireaux.

Tarte fine courgette, chèvre et basilic

Pour 4 personnes
Préparation : 15 min
Cuisson : 20 min

1 petite courgette
1 oignon nouveau
4 tiges de basilic effeuillées
300 g de fromage de chèvre frais
½ cuil. à café d'origan séché
1 jaune d'œuf
2 cuil. à soupe d'huile d'olive
6 feuilles de brick
Origan frais (facultatif)
Sel et poivre

Lavez et émincez finement la courgette, si possible à la mandoline pour avoir des tranches extrêmement fines.

Pelez et émincez très finement l'oignon nouveau en séparant le blanc et le vert.

Hachez grossièrement la moitié du basilic.

Mélangez dans un saladier le fromage de chèvre avec le vert de l'oignon, le basilic haché, l'origan, le jaune d'œuf, 1 demi-cuillerée à soupe d'huile d'olive et quelques pincées de sel et de poivre.

Préchauffez le four à 160 °C (th. 5-6).

Posez 1 feuille de brick sur une plaque recouverte de papier cuisson. Badigeonnez-la d'huile d'olive au pinceau. Posez les suivantes dessus en faisant de même.

Étalez le fromage par-dessus. Répartissez les tranches de courgette et le blanc de l'oignon. Arrosez d'un filet d'huile d'olive. Enfournez pour une vingtaine de minutes en surveillant la cuisson.

Parsemez la tarte du basilic restant et éventuellement d'origan frais. Dégustez sans attendre.

Frittata aux épinards et aux tomates cerises

Pour 4 personnes
Préparation : 10 min
Cuisson : 40 min

300 g de feuilles d'épinards
1 douzaine de tomates cerises
2 gousses d'ail
4 tranches de poitrine fumée
2 cuil. à soupe d'huile d'olive
8 œufs
30 g de parmesan râpé
Sel et poivre

Préchauffez le four à 180 °C (th. 6).

Lavez et égouttez les feuilles d'épinards. Lavez et coupez les tomates cerises en deux.

Pelez et hachez l'ail. Hachez grossièrement les tranches de poitrine fumée.

Faites dorer l'ail et la poitrine fumée avec 1 cuillerée à soupe d'huile d'olive. Ajoutez les feuilles d'épinards et laissez-les réduire en remuant durant 5 minutes, jusqu'à ce que l'eau soit bien évaporée. Réservez.

Faites dorer dans la même poêle à feu vif les tomates cerises 5 minutes en remuant.

Battez les œufs dans un saladier, salez et poivrez. Ajoutez les épinards et la poitrine fumée ainsi que les tomates et le parmesan.

Versez l'huile d'olive restante dans une poêle passant au four. Ajoutez le contenu du saladier, puis laissez prendre 5 minutes sur feu moyen avant d'enfourner une vingtaine de minutes.

Aussi bonne chaude que froide, la frittata est parfaite pour être glissée dans un panier de pique-nique et vous accompagner pour un repas sur le pouce au potager.

Nos poireaux rôtis à la vinaigrette

Pour 4 personnes
Préparation : 10 min
Cuisson : 20 min

8 petits poireaux fins
4 œufs durs
6 tiges de persil
Huile d'olive
Sel

Pour la vinaigrette :
1 œuf dur
2 cuil. à soupe d'huile d'olive
2 cuil. à café de moutarde
1 cuil. à café de jus de citron
½ cuil. à café de zeste de citron finement râpé
Sel et poivre

Préchauffez le four à 180 °C (th. 6).

Lavez les poireaux, séchez-les et placez-les sur une plaque recouverte de papier cuisson. Arrosez d'huile d'olive, salez et enfournez.

Plantez la pointe d'un couteau dans les blancs de poireau au bout de 20 minutes pour vérifier la cuisson (le couteau doit s'enfoncer sans résistance). Sortez les poireaux du four, couvrez-les avec une feuille de papier cuisson et un torchon, puis laissez refroidir.

Préparez la vinaigrette. Écalez l'œuf, puis hachez-le assez finement. Mélangez dans un bol l'huile d'olive, la moutarde, les zestes et le jus de citron. Ajoutez l'œuf haché, salez et poivrez, et mélangez rapidement.

Écalez les autres œufs et coupez-les en morceaux ou en tranches.

Déposez les poireaux sur un plat, ajoutez les œufs coupés, puis arrosez de vinaigrette. Terminez en parsemant le plat de persil grossièrement haché.

Versez de l'eau dans la lèchefrite du four pour éviter que les poireaux ne se dessèchent trop pendant la cuisson.

Salade de haricots verts

Pour 4 personnes
Préparation : 15 min
Cuisson : 5 min

400 g de haricots verts
1 petite betterave chioggia crue (90 g environ)
1 vingtaine de tomates cerises
4 cuil. à soupe de pistaches
4 tiges de persil plat
4 cuil. à soupe d'huile de tournesol
2 cuil. à soupe de vinaigre de xérès
1 vingtaine de petites billes de mozzarella
1 belle poignée de mesclun ou de roquette
Sel et poivre

Équeutez les haricots verts. Vous pouvez les couper en deux s'ils sont très longs. Déposez-les dans une grande casserole d'eau bouillante salée et faites-les cuire 3 à 5 minutes, jusqu'à ce qu'ils soient cuits tout en restant croquants. Plongez-les dans un grand saladier d'eau froide, puis égouttez-les bien.

Épluchez la betterave, puis râpez-la avec une râpe à gros trous. Lavez et coupez les tomates cerises en deux. Hachez grossièrement les pistaches et le persil.

Mettez dans un bol l'huile et le vinaigre. Salez, poivrez et mélangez bien le tout.

Déposez les haricots verts dans un saladier, ajoutez les tomates cerises, les billes de mozzarella, la betterave et le mesclun, arrosez avec la sauce et mélangez le tout.

Servez dans un grand plat et terminez en parsemant de pistaches et de persil.

Pour une salade encore plus complète, n'hésitez pas à ajouter 90 g de haricots blancs ou rouges cuits au naturel.

Salade de betteraves rôties

Pour 4 personnes
Préparation : 10 min
Cuisson : 45 min

4 betteraves crues (jaunes, rouges et chioggia)

6 branches de thym

90 g de feta

6 cuil. à soupe de graines de grenade

Sel et poivre

Pour la vinaigrette :

4 cuil. à soupe d'huile d'olive

2 cuil à soupe de vinaigre de xérès

Sel et poivre

Préchauffez le four à 180 °C (th. 6).

Lavez les betteraves. Enfermez chaque betterave avec 1 branche de thym dans une feuille de papier aluminium. Déposez-les sur une plaque, puis enfournez-les pour 45 minutes environ.

Mélangez tous les ingrédients de la vinaigrette avec un peu de sel et de poivre.

Vérifiez la cuisson des betteraves, un couteau doit y entrer facilement.

Coupez les extrémités, pelez-les, puis coupez-les en quartiers et déposez-les dans un plat.

Émiettez la feta par-dessus. Parsemez les graines de grenade et les tiges de thym restantes en les effeuillant.

Arrosez de vinaigrette, puis mélangez.

Vous pouvez ajouter des tranches très fines de betterave chioggia crues pour apporter de la couleur dans l'assiette.

Salade de fèves et tomates grillées

Pour 4 personnes
Préparation : 10 min
Cuisson : 12 min

300 g de fèves pelées
4 belles tomates
1 petit oignon
4 tiges de menthe effeuillées
2 tiges de persil
4 cuil. à soupe d'huile d'olive
2 cuil. à soupe de jus de citron
45 g de parmesan en copeaux
½ cuil. à café de zeste de citron râpé finement
Sel et poivre

Portez à ébullition une grande casserole d'eau salée. Faites-y cuire les fèves 3 minutes environ, puis jetez-les dans un grand saladier d'eau froide. Égouttez-les, puis versez-les dans un grand plat.

Lavez les tomates, enlevez les pédoncules, coupez-les en deux, puis pressez-les de manière à faire tomber les graines. Hachez-les ensuite très grossièrement.

Pelez, puis hachez l'oignon. Hachez grossièrement les herbes.

Faites revenir l'oignon avec 2 cuillerées à soupe d'huile d'olive dans une grande poêle à feu moyen pendant 5 minutes en remuant régulièrement. Ajoutez les tomates et faites cuire 3 minutes à feu vif. Les tomates ne doivent pas être réduites en sauce, elles doivent encore se tenir.

Jetez les tomates dans le saladier avec les fèves, ajoutez l'huile d'olive restante ainsi que le jus de citron, salez, poivrez et mélangez le tout.

Ajoutez les herbes au moment de servir et mélangez rapidement. Terminez en parsemant de zeste de citron et de copeaux de parmesan.

Si vous souhaitez peler les tomates avant de les faire cuire, plongez-les quelques secondes dans une grande casserole d'eau bouillante, elles se pèleront ainsi plus facilement.

Salade aux farfalle, concombre et thon

Pour 4 personnes
Préparation : 10 min
Cuisson : 10 min

180 g de pâtes type farfalle
1 douzaine de tomates cerises
½ concombre
1 oignon rouge
1 branche de céleri
4 brins de persil
1 boîte de thon à l'huile d'olive (160 g)

Pour la vinaigrette :
4 cuil. à soupe d'huile d'olive
1 cuil. à soupe de vinaigre de xérès
Sel et poivre

Faites cuire les pâtes dans une casserole d'eau bouillante le temps indiqué sur l'emballage. Égouttez-les, laissez-les refroidir, puis versez-les dans un saladier.

Lavez les légumes. Coupez les tomates en quartiers et le concombre en morceaux. Pelez et hachez l'oignon. Émincez le céleri et le persil. Égouttez le thon.

Versez le tout dans le saladier avec les pâtes.

Mélangez dans un bol tous les ingrédients de la vinaigrette, puis versez sur la salade de pâtes. Mélangez et servez.

Vous pouvez remplacer la moitié de l'huile d'olive par celle contenue dans la boîte de thon.

Salade de pommes de terre et petits pois

Pour 4 personnes
Préparation : 15 min
Cuisson : 20 min

500 g de pommes de terre rouges (type Roseval)
200 g de petits pois frais écossés
¼ de fenouil
2 oignons nouveaux
6 tiges de cerfeuil
4 tiges de persil plat
4 tiges d'estragon effeuillées
Le zeste râpé finement de ½ citron
Sel

Pour la sauce :
3 cuil. à soupe d'huile d'olive
Le jus de ½ citron
1 cuil. à soupe de moutarde
Sel et poivre

Lavez les pommes de terre, puis faites-les cuire une vingtaine de minutes dans une grande casserole d'eau salée. Ajoutez les petits pois dans la casserole 3 minutes avant la fin de la cuisson. Égouttez le tout et laissez tiédir.

Retirez le cœur du fenouil, puis émincez-le en très fines tranches. Retirez les racines et le cœur des oignons nouveaux, enlevez les couches abîmées si nécessaire, puis émincez-les finement.

Préparez la sauce en mélangeant dans un bol l'huile d'olive, le jus de citron, la moutarde et quelques pincées de sel et de poivre.

Coupez les pommes de terre en deux ou en quatre selon leur taille, puis mettez-les dans un grand saladier. Ajoutez le fenouil et les oignons nouveaux. Arrosez avec la sauce, mélangez bien, puis laissez complètement refroidir.

Hachez grossièrement le cerfeuil, le persil et l'estragon.

Déposez les pommes de terre totalement refroidies dans un grand plat. Terminez en parsemant les herbes et le zeste de citron. Dégustez sans attendre.

Vous pouvez utiliser d'autres pommes de terre à chair ferme selon ce dont vous disposez dans votre potager.

Notre salade César

Pour 4 personnes
Préparation : 15 min
Cuisson : 15 min

1 salade romaine
1 vingtaine de tranches de baguette
2 blancs de poulet
1 cuil. à soupe d'huile d'olive
30 g de fromage Ossau-Iraty
4 tiges de persil
60 g de cerneaux de noix ou de noix de pécan
1 douzaine de tomates cerises
Sel et poivre

Pour la sauce :
1 gousse d'ail
120 g de yaourt grec
20 g de parmesan râpé finement
1 cuil. à café de moutarde
2 cuil. à soupe de jus de citron
½ cuil. à café d'origan séché
Sel et poivre

Préparez la sauce. Pelez l'ail, puis passez-le au presse-ail. Mettez dans un bol le yaourt, le parmesan, la moutarde, l'ail, le jus de citron et l'origan. Salez, poivrez et mélangez le tout. Réservez.

Faites dorer les tranches de baguette au four ou au grille-pain, puis coupez-les en deux.

Faites chauffer l'huile d'olive dans une poêle à feu moyen et faites-y revenir les blancs de poulet pendant une dizaine de minutes en les retournant à mi-cuisson. Ils doivent alors être cuits à point et joliment dorés. Laissez-les refroidir, puis coupez-les en fines tranches.

Lavez la salade romaine et coupez-la en larges bandes.

Taillez le fromage en copeaux.

Hachez grossièrement le persil et les noix. Lavez et coupez les tomates cerises en quatre.

Déposez la salade dans un grand plat, ajoutez les autres ingrédients. Arrosez de sauce, mélangez et dégustez sans attendre.

Saupoudrez de quelques pincées de piment d'Espelette au moment de servir pour relever votre salade.

Frisée au magret de canard et roquefort

Pour 4 personnes
Préparation : 15 min

½ salade frisée
4 œufs durs
100 g de roquefort
1 vingtaine de cerneaux de noix
1 tige d'estragon effeuillée
4 cuil. à soupe d'huile d'olive
150 g de tranches de magret séché
2 cuil. à soupe de crème de balsamique
Sel et poivre

Lavez et essorez la salade frisée, puis hachez-la grossièrement. Écalez, puis hachez grossièrement les œufs durs. Taillez le roquefort en copeaux. Hachez grossièrement les noix et les feuilles d'estragon.

Mettez dans un saladier la frisée, ajoutez l'estragon, puis arrosez-la avec l'huile d'olive. Salez, poivrez et mélangez.

Montez votre salade directement dans les assiettes en alternant la salade et les autres ingrédients, les œufs, le roquefort, le magret et les noix. Terminez en arrosant avec la crème de balsamique.

Dégustez sans attendre.

Salade de pommes de terre et cabillaud

Pour 4 personnes
Préparation : 15 min
Cuisson : 30 min

500 g de pommes de terre nouvelles

1 vingtaine de tomates cerises

1 petit oignon rouge

6 tiges de persil

4 cuil. à soupe d'huile d'olive

300 g de cabillaud

Quelques pincées de piment d'Espelette

1 vingtaine de petites olives noires à l'huile d'olive dénoyautées

1 poignée de roquette

2 cuil. à soupe de vinaigre de vin

Sel et poivre

Pelez, puis coupez les pommes de terre en morceaux. Faites-les cuire dans une casserole d'eau salée pendant une vingtaine de minutes. Égouttez-les.

Lavez et coupez les tomates cerises en deux. Pelez, puis coupez l'oignon en fines rondelles. Hachez grossièrement le persil.

Versez 1 cuillerée à soupe d'huile d'olive dans une poêle et faites-la chauffer à feu moyen. Salez et assaisonnez le poisson avec du piment d'Espelette, puis faites-le cuire dans la poêle. Laissez refroidir, puis émiettez-le à l'aide d'une fourchette.

Mélangez dans un saladier les pommes de terre, le poisson, les tomates, les olives, l'oignon, la roquette et le persil. Arrosez avec l'huile d'olive et le vinaigre. Salez, poivrez et mélangez bien.

N'hésitez pas à préparer cette salade un peu à l'avance pour que toutes les saveurs se mélangent bien.

Salade multicolore au chou rouge

Pour 4 personnes
Préparation : 15 min

¼ de chou rouge
2 carottes
1 pomme verte
4 cuil. à soupe de pistaches
4 tiges de menthe effeuillées
2 cuil. à soupe de graines de courge

Pour la sauce :

4 cuil. à soupe d'huile d'olive
1 cuil. à café de vinaigre de cidre
1 cuil. à soupe de moutarde
Sel et poivre

Tranchez très finement le chou rouge, si possible à la mandoline. Épluchez les carottes, puis râpez-les avec une râpe à gros trous. Coupez la pomme verte en allumettes.

Hachez grossièrement les pistaches, les feuilles de menthe et les graines de courge.

Préparez la sauce en mélangeant l'huile d'olive, le vinaigre de cidre, la moutarde, du sel et du poivre.

Mettez tous les ingrédients dans un saladier, versez la sauce par-dessus, puis mélangez bien. Servez sans attendre.

Soupe de mâche et graines de courge

Pour 4 personnes
Préparation : 10 min
Cuisson : 25 min

200 g de mâche + un peu pour servir
200 g de pommes de terre
1 oignon
2 cuil. à soupe d'huile d'olive
1 l d'eau
1 cube de bouillon de légumes
2 cuil. à soupe de graines de courge
Sel et poivre

Épluchez les pommes de terre et l'oignon, puis coupez-les en morceaux.

Lavez la mâche et essorez-la.

Faites chauffer l'huile d'olive dans une cocotte à feu moyen, puis ajoutez l'oignon, les pommes de terre et la mâche. Faites cuire 5 minutes en remuant régulièrement.

Salez, poivrez, ajoutez l'eau et le cube de bouillon, et laissez cuire à couvert 20 minutes à feu moyen.

Mixez à l'aide d'un mixeur plongeant pour obtenir un beau velouté lisse. Servez dans les assiettes et terminez en déposant sur la soupe quelques feuilles de mâche et les graines de courge.

Pour un aspect plus velouté, vous pouvez ajouter 1 cuillerée à soupe de crème fraîche par assiette.

Soupe con carne aux poivrons

Pour 4 personnes
Préparation : 15 min
Cuisson : 45 min

1 poivron rouge
1 poivron vert
500 g de tomates fraîches
1 oignon
1 gousse d'ail
2 cuil. à soupe d'huile d'olive
300 g de bœuf haché
1 cuil. à café d'origan séché
Piment d'Espelette
90 cl de bouillon de volaille
150 g de riz cuit
2 tiges de thym frais effeuillées
Sel et poivre

Lavez les poivrons et les tomates. Coupez les poivrons épépinés en petits carrés. Hachez grossièrement les tomates. Pelez et hachez l'oignon et l'ail.

Faites chauffer l'huile dans une grande sauteuse et faites-y revenir l'oignon, l'ail et les poivrons à feu moyen 5 minutes en remuant régulièrement.

Ajoutez la viande, émiettez-la à la fourchette et prolongez la cuisson 5 minutes.

Ajoutez les tomates, l'origan et quelques pincées de piment d'Espelette. Salez, poivrez, mélangez et poursuivez la cuisson 15 minutes.

Versez le bouillon, remuez et faites cuire 15 minutes (en ajoutant du bouillon si nécessaire).

Ajoutez le riz et poursuivez la cuisson 5 minutes à petits bouillons.

Servez et parsemez le thym.

Vous pouvez remplacer les tomates fraîches par la même quantité de tomates concassées en boîte.

Soupe de chou-fleur

Pour 4 personnes
Préparation : 15 min
Cuisson : 25 min

400 g de chou-fleur
300 g de haddock
200 g de pommes de terre
2 échalotes
20 g de beurre
2 feuilles de laurier
75 cl d'eau
45 cl de lait
60 g de maïs au naturel
2 tiges d'aneth effeuillées
Sel et poivre

Coupez le chou-fleur et le haddock en morceaux. Pelez les pommes de terre, puis coupez-les en morceaux. Pelez, puis hachez assez finement les échalotes.

Faites chauffer le beurre dans une cocotte, puis faites-y revenir les échalotes à feu moyen en remuant régulièrement pendant 5 minutes.

Ajoutez le chou-fleur, les pommes de terre et le laurier et mélangez le tout. Versez l'eau et le lait, salez, poivrez, puis portez à ébullition. Prolongez la cuisson pendant une vingtaine de minutes à petits frémissements.

Ajoutez le haddock et le maïs égoutté 5 minutes avant la fin de la cuisson.

Retirez le laurier et le haddock, puis donnez quelques coups de mixeur plongeant sans insister.

Retirez la peau et les arêtes du haddock, puis émiettez-le grossièrement. Déposez-le sur la soupe.

Servez chaud avec quelques pluches d'aneth.

Si vous ne trouvez pas de haddock ou que vous n'aimez pas son côté fumé, vous pouvez le remplacer par du cabillaud.

Soupe au céleri branche

Pour 4 personnes
Préparation : 10 min
Cuisson : 30 min

250 g de céleri branche
250 g de pommes de terre
1 oignon
1 cuil. à soupe d'huile d'olive
75 cl de bouillon de légumes
2 feuilles de laurier
10 cl de crème fraîche épaisse
Sel et poivre

Lavez et coupez les tiges de céleri en petits tronçons en enlevant les fils. Hachez grossièrement les feuilles du céleri. Épluchez les pommes de terre, puis coupez-les en morceaux. Pelez et émincez l'oignon.

Faites chauffer l'huile à feu moyen dans une grande casserole et faites revenir l'oignon pendant 5 minutes.

Ajoutez les pommes de terre et les tiges de céleri, mélangez bien le tout. Faites revenir pendant 5 minutes en remuant régulièrement.

Versez le bouillon de légumes dans la casserole, salez et poivrez, ajoutez les feuilles de laurier.

Laissez cuire à petits bouillons pendant une vingtaine de minutes.

Mixez la soupe (en enlevant les feuilles de laurier au préalable), ajoutez la crème, parsemez de feuilles de céleri. Dégustez sans attendre.

Le céleri branche se marie parfaitement avec l'aneth, n'hésitez pas à en ajouter un peu grossièrement haché en même temps que les feuilles de céleri.

Chakchouka aux épinards et œufs

Pour 4 personnes
Préparation : 10 min
Cuisson : 30 min

400 g d'épinards frais
1 gousse d'ail
1 petit oignon
2 cuil. à soupe d'huile d'olive
1 cuil. à café de cumin en poudre
1 cuil. à café de coriandre en poudre
800 g de tomates concassées
4 tiges de basilic effeuillées
20 cl d'eau
4 œufs
Sel et poivre

Pelez, puis émincez l'ail et l'oignon. Faites-les revenir 5 minutes dans une grande poêle avec l'huile d'olive et les épices.

Ajoutez les tomates concassées et la moitié des feuilles de basilic hachées. Salez, poivrez et laissez mijoter une dizaine de minutes en remuant régulièrement.

Lavez, égouttez et émincez les feuilles d'épinards, puis ajoutez-les dans la poêle avec l'eau, remuez et laissez cuire à couvert 10 minutes.

Créez des trous dans la chakchouka avec une cuillère pour y casser les œufs. Terminez la cuisson 5 minutes à couvert.

Servez la chakchouka parsemée des feuilles de basilic restantes.

N'hésitez pas à ajouter de la harissa, à votre convenance, avec les tomates concassées pour relever votre plat.

Curry au céleri et à la dinde

Pour 4 personnes
Préparation : 20 min
Cuisson : 1 h 10

800 g de céleri boule
4 oignons nouveaux
400 g de filet de dinde
1 ½ cuil. à soupe de curry en poudre
2 cuil. à soupe d'huile d'olive
40 cl de lait de coco
5 cl d'eau
4 cuil. à soupe d'amandes effilées
8 tiges de coriandre
Sel et poivre

Préchauffez le four à 180 °C (th. 6).

Émincez les oignons nouveaux. Coupez la viande en cubes.

Épluchez, puis coupez le céleri en cubes. Déposez-les dans un saladier, ajoutez 1 cuillerée à soupe de curry et 1 cuillerée à soupe d'huile d'olive et mélangez bien.

Répartissez sur une plaque recouverte de papier cuisson.

Enfournez pour 50 minutes en remuant de temps en temps.

Faites chauffer l'huile restante dans une grande poêle à feu moyen. Faites-y revenir les oignons émincés et la viande en remuant régulièrement 5 minutes environ à feu assez vif, jusqu'à ce que le tout soit bien doré.

Versez le curry restant, salez, poivrez et mélangez. Ajoutez le céleri rôti, le lait de coco et l'eau et laissez réduire pendant 10 minutes à petits bouillons jusqu'à ce que la sauce ait bien épaissi.

Servez ce curry chaud, parsemé d'amandes effilées et de coriandre hachée.

Fenouil à la tomate et aux boulettes de veau

Pour 4 personnes
Préparation : 30 min
Cuisson : 40 min

1 fenouil
1 cuil. à soupe d'huile d'olive

Pour les boulettes :
600 g de viande de veau hachée
1 oignon
1 cuil. à café de graines de fenouil
6 tiges de persil
1 œuf
2 cuil. à soupe de chapelure
Sel et poivre

Pour la sauce tomate :
800 g de tomates
2 échalotes
1 gousse d'ail
2 cuil. à soupe d'huile d'olive
1 cuil. à café d'herbes de Provence séchées
Sel et poivre

Préchauffez le four à 210 °C (th. 7).

Préparez les boulettes. Pelez, coupez l'oignon en morceaux et placez-les dans un mixeur. Ajoutez les graines de fenouil et le persil et mixez finement. Mélangez dans un saladier la viande, le contenu du mixeur, l'œuf et la chapelure, un peu de sel et de poivre. Formez des boulettes de la taille d'une grosse noix.

Coupez le fenouil en quatre et enlevez le cœur. Coupez chaque quart en 3 ou 4 morceaux. Déposez-les sur une plaque recouverte de papier cuisson. Arrosez-les avec l'huile d'olive, mélangez bien et enfournez pour une quinzaine de minutes.

Ajoutez les boulettes sur la plaque au milieu du fenouil après 5 minutes de cuisson. Remuez de temps en temps jusqu'à la fin de la cuisson.

Préparez la sauce. Lavez les tomates, enlevez les pédoncules, puis coupez-les en morceaux. Pelez, puis hachez les échalotes et l'ail. Faites-les revenir dans une grande sauteuse avec l'huile d'olive à feu moyen 5 minutes. Ajoutez les tomates et les herbes de Provence, salez, poivrez, couvrez et poursuivez la cuisson 10 minutes.

Mixez le contenu de la poêle au mixeur plongeant, puis ajoutez le fenouil et les boulettes, remuez et prolongez la cuisson 5 minutes.

Servez le plat parsemé d'un peu de fenouil émincé très finement.

En hiver, remplacez les tomates fraîches par des conserves de tomates concassées.

Boulettes aux blettes à la sauce tomate

Pour 4 personnes
Préparation : 25 min
Cuisson : 30 min

600 g de vert des blettes
1 gousse d'ail
1 cuil. à soupe d'huile d'olive
80 g de parmesan râpé + un peu pour servir
1 œuf
150 g de farine + un peu pour le plan de travail
Poivre

Pour la sauce tomate :
600 g de tomates
2 échalotes
1 gousse d'ail
2 cuil. à soupe d'huile d'olive
1 cuil. à café d'herbes de Provence séchées
Sel et poivre

Préparez la sauce. Lavez les tomates et enlevez les pédoncules, puis coupez les tomates en morceaux. Pelez et hachez les échalotes et l'ail. Faites-les revenir dans une grande sauteuse avec l'huile d'olive à feu moyen 5 minutes. Ajoutez les tomates et les herbes de Provence, salez et poivrez, couvrez et poursuivez la cuisson 10 minutes.

Mixez le contenu de la poêle au mixeur plongeant, puis réservez.

Lavez les blettes et séparez les côtes des feuilles. Hachez le vert des blettes. Pelez et hachez l'ail.

Faites réduire le vert des blettes dans une cocotte avec l'huile d'olive et l'ail haché durant 3 à 4 minutes en remuant régulièrement, puis égouttez-les pour exprimer le maximum d'eau de cuisson.

Mélangez le vert des blettes bien essoré dans un saladier avec le parmesan râpé et l'œuf, et poivrez. Ajoutez la farine et mélangez à l'aide d'une cuillère pour avoir une préparation homogène.

Prélevez un peu du mélange et formez des boulettes de la taille d'une noix en les faisant rouler entre les paumes de vos mains. Réservez sur un plan de travail fariné.

Plongez les boulettes dans une grande casserole d'eau bouillante et égouttez-les lorsqu'elles remontent à la surface.

Déposez-les dans un plat contenant la sauce tomate réchauffée, parsemez d'un peu de parmesan et servez.

N'hésitez pas à parsemer des feuilles de basilic, elles apporteront une dernière touche de fraîcheur et de saveur.

Gratin de cardons à la viande hachée

Pour 4 personnes
Préparation : 20 min
Cuisson : 45 min

600 g de cardons
50 g de beurre
50 g de farine
50 cl d'eau
1 oignon
1 cuil. à soupe d'huile d'olive
250 g de viande de bœuf hachée
1 branche de thym
30 g de fromage râpé
Sel et poivre

Préchauffez le four à 180 °C (th. 6).

Coupez les cardons en tronçons en retirant les fils au fur et à mesure. Faites-les blanchir 3 minutes dans une casserole d'eau bouillante. Égouttez-les et réservez-les.

Faites fondre le beurre dans une casserole, ajoutez la farine et laissez cuire 2 minutes en remuant, puis ajoutez l'eau en fouettant pour obtenir une sauce homogène. Laissez épaissir 3 minutes tout en remuant, puis réservez.

Épluchez et émincez l'oignon, puis faites-le revenir dans une poêle avec l'huile d'olive.

Ajoutez la viande hachée et le thym effeuillé. Salez, poivrez et laissez cuire 5 minutes en remuant. Réservez.

Versez dans un plat à gratin les cardons et la viande hachée. Ajoutez la sauce blanche, salez, poivrez et remuez. Parsemez de fromage râpé et enfournez pour 30 minutes.

Laissez tremper les tronçons de cardon dans un saladier d'eau froide légèrement citronnée pour éviter qu'ils noircissent, le temps de les cuisiner.

Carottes et viande hachée au cumin

Pour 4 personnes
Préparation : 10 min
Cuisson : 30 min

700 g de carottes
1 oignon
2 gousses d'ail
2 cuil. à soupe d'huile d'olive
1 cuil. à café de cumin moulu
200 g de viande de bœuf hachée
6 tiges de coriandre
Sel et poivre

Pelez, puis coupez les carottes en bâtonnets. Pelez, puis hachez l'oignon et l'ail.

Faites chauffer l'huile d'olive dans une sauteuse à feu moyen et faites-y revenir l'oignon et l'ail 5 minutes environ, en remuant régulièrement.

Ajoutez les bâtonnets de carotte. Saupoudrez de cumin, salez et poivrez, mélangez, puis ajoutez un fond d'eau dans la sauteuse.

Couvrez et laissez cuire 20 minutes environ à couvert. Découvrez la poêle et laissez s'évaporer l'eau si nécessaire.

Écartez les carottes sur le côté de la sauteuse, puis déposez la viande au centre, salez et poivrez-la. Remuez en émiettant la viande jusqu'à ce qu'elle soit cuite et bien dorée. Mélangez-la alors aux carottes

Hachez la coriandre et ajoutez-la juste avant de servir.

Si vous n'aimez pas la coriandre, remplacez-la par du persil plat. Et si vous voulez un plat encore plus parfumé, essayez avec de la menthe.

Nos tomates farcies

Pour 4 personnes
Préparation : 20 min
Cuisson : 1 h

4 grosses tomates
1 oignon
1 gousse d'ail
400 g de chair à saucisse
2 cuil. à café de thym séché
20 g de chapelure
120 g de riz cru
2 branches de thym
2 branches de romarin
6 tiges de persil
Huile d'olive
Sel et poivre

Préchauffez le four à 180 °C (th. 6).

Lavez les tomates, puis coupez les chapeaux et évidez-les. Réservez le jus et les graines.

Pelez l'oignon et l'ail, et coupez-les en morceaux.

Mixez le cœur des tomates avec l'oignon et l'ail.

Mélangez dans un saladier la chair à saucisse, le contenu du mixeur, le thym séché, la chapelure, le riz, du sel et du poivre.

Farcissez les tomates avec le mélange à la chair à saucisse et déposez-les dans un plat à gratin. Versez le jus de tomates recueilli dans le fond du plat et déposez les branches de romarin et de thym. Arrosez les tomates d'un filet d'huile d'olive, puis refermez-les avec leurs chapeaux. Enfournez pour 1 heure environ, en surveillant la cuisson.

Hachez le persil et ajoutez-le dans le fond du plat au moment de servir.

Si vous ne trouvez pas de chair à saucisse, vous pouvez utiliser des chipolatas en enlevant la peau.

Oignons rouges farcis à la semoule

Pour 4 personnes
Préparation : 15 min
Trempage : 30 min
Cuisson : 55 min

4 gros oignons rouges
120 g de semoule de blé
2 cuil. à soupe d'huile d'olive
15 cl d'eau
30 g de raisins secs
1 cuil. à café d'origan séché
15 g de pignons de pin
8 brins de cerfeuil
Sel et poivre

Faites gonfler les raisins secs dans un bol d'eau chaude durant 30 minutes.

Pelez les oignons, coupez les chapeaux, puis creusez les oignons au centre en conservant 1 cm d'épaisseur. Réservez.

Faites chauffer une casserole remplie d'eau et plongez les oignons dans l'eau bouillante une dizaine de minutes. Égouttez-les et réservez-les.

Déposez la semoule dans un saladier avec 1 cuillerée à soupe d'huile d'olive et 1 pincée de sel et de poivre. Mélangez, puis arrosez avec l'eau bouillante. Couvrez et laissez la semoule gonfler 5 minutes, puis égrainez-la à l'aide d'une fourchette.

Préchauffez le four à 180 °C (th. 6).

Mixez ensemble le cœur des oignons et l'origan. Faites revenir ce mélange dans une poêle avec l'huile d'olive restante pendant 5 minutes à feu moyen en remuant souvent.

Hachez grossièrement les pignons, les raisins secs égouttés et le cerfeuil. Mélangez avec la semoule et ajoutez les oignons rissolés.

Garnissez les oignons avec la semoule, puis déposez-les sur une plaque recouverte de papier cuisson. Déposez les chapeaux. Enfournez pour une quarantaine de minutes.

Patidoux farcis au riz et au poulet

Pour 4 personnes
Préparation : 15 min
Cuisson : 55 min

4 patidoux
270 g de poulet rôti
2 oignons
1 cuil. à soupe d'huile d'olive
2 cuil. à soupe d'amandes effilées
200 g de riz cuit
4 tiges de persil
90 g de fromage râpé
Sel et poivre

Lavez les patidoux, puis coupez leur chapeau et enlevez les graines. Faites-les cuire à la vapeur pendant 25 à 30 minutes et réservez.

Hachez le poulet en petits morceaux.

Pelez et hachez les oignons. Faites-les revenir dans une poêle avec l'huile d'olive pendant 5 minutes en remuant régulièrement.

Ajoutez le poulet et les amandes effilées et poursuivez la cuisson jusqu'à ce que le tout soit bien doré.

Ajoutez le riz cuit, salez, poivrez et mélangez bien. Retirez du feu et laissez tiédir.

Préchauffez le four à 180 °C (th. 6).

Hachez le persil. Ajoutez-le ainsi que le fromage râpé au contenu de la poêle et mélangez.

Farcissez les patidoux avec le mélange au riz et remettez leurs chapeaux. Déposez-les sur une plaque à four et enfournez-les pour une quinzaine de minutes.

Si vos patidoux sont trop gros pour une personne, faites-en deux à partager, mais dans ce cas vérifiez bien la cuisson après le passage à la vapeur.

Patates douces farcies tomates et herbes

Pour 4 personnes
Préparation : 15 min
Cuisson : 30 min

4 patates douces
1 oignon
1 gousse d'ail
2 tomates
4 cives
8 tiges de coriandre
1 cuil. à soupe d'huile d'olive
150 g de pois chiches cuits au naturel
1 cuil. à café de harissa
Sel et poivre

Pour la sauce :
1 yaourt grec
1 cuil. à café de harissa
1 cuil. à café de jus de citron
1 cuil. à soupe d' huile d'olive

Préparez la sauce en mélangeant tous les ingrédients dans un bol, puis réservez-la.

Faites préchauffer le gril du four très chaud.

Lavez les patates douces, percez-les assez profondément avec une fourchette 4 ou 5 fois. Déposez-les dans un récipient pour la cuisson au micro-ondes. Faites cuire 6 à 8 minutes à la puissance maximum.

Laissez légèrement tiédir, coupez-les en deux, puis déposez-les sur une plaque recouverte de papier cuisson. Enfournez pour 3 à 5 minutes le temps de les griller légèrement.

Pelez, puis émincez l'oignon et l'ail. Lavez, séchez, puis coupez les tomates en petits cubes. Émincez les cives finement. Hachez grossièrement la coriandre.

Faites chauffer l'huile d'olive dans une grande poêle et faites-y revenir l'ail et l'oignon pendant 5 minutes. Ajoutez les pois chiches rincés et égouttés, salez, poivrez et prolongez la cuisson 5 minutes toujours en remuant régulièrement. Ajoutez la harissa et mélangez 1 minute.

Retirez la poêle du feu, ajoutez les dés de tomate et mélangez.

Servez les patates douces en les couvrant avec le mélange aux pois chiches, la sauce, les cives et la coriandre. Dégustez sans attendre.

Si vous n'avez pas de micro-ondes, vous pouvez faire cuire les patates douces à la vapeur.

Poêlée de butternut au poulet

Pour 4 personnes
Préparation : 10 min
Cuisson : 25 min

800 g de courge butternut
200 g de champignons de Paris
4 gousses d'ail
1 oignon rouge
480 g de blanc de poulet
2 cuil. à soupe d'huile d'olive
10 brins de ciboulette
Sel et poivre

Épluchez la courge butternut et coupez-la en cubes. Nettoyez et coupez les champignons en deux ou en quatre selon leur taille. Pelez, puis hachez finement et séparément l'ail et l'oignon rouge.

Coupez le poulet en cubes de la même taille que le butternut.

Faites chauffer l'huile dans une poêle à feu moyen et faites-y revenir le butternut et l'ail en remuant pendant 3 minutes.

Ajoutez les champignons, puis le poulet et faites dorer de tous les côtés. Couvrez ensuite la poêle et laissez cuire à feu doux une dizaine de minutes. Salez et poivrez.

Servez cette poêlée chaude, parsemée d'oignon rouge et de ciboulette ciselée finement.

Vous pouvez déposer une poignée de roquette sur la poêlée au moment de servir.

Chou-rave et poisson rôtis

Pour 4 personnes
Préparation : 10 min
Cuisson : 50 min

800 g de choux-raves
2 cuil. à soupe d'huile d'olive
1 ½ cuil. à café de paprika
400 g de poisson blanc (lingue ou autre poisson blanc)

Pour la sauce :
2 échalotes
1 gousse d'ail
½ piment oiseau
2 tiges de persil
2 tiges de coriandre
4 cuil. à soupe d'huile d'olive
2 cuil. à soupe de vinaigre de xérès
Sel

Préchauffez le four à 180 °C (th. 6).

Pelez et ôtez les extrémités des choux-raves, puis coupez-les en morceaux.

Mélangez les choux avec 1 cuillerée à soupe d'huile d'olive et 1 cuillerée à café de paprika et enfournez pour 50 minutes.

Coupez le poisson en morceaux et mélangez-les avec l'huile d'olive et le paprika restants. Ajoutez le poisson au chou-rave 15 minutes avant la fin de la cuisson.

Préparez la sauce. Pelez les échalotes et l'ail. Hachez finement les échalotes, l'ail, le piment et les herbes. Mélangez le tout dans un bol avec l'huile, le vinaigre et un peu de sel.

Laissez tiédir le chou-rave et le poisson avant d'arroser de sauce et de le servir.

Servez avec des quartiers de citron vert pour que chacun puisse assaisonner à son goût.

Choux de Bruxelles et chipolatas

Pour 4 personnes
Préparation : 10 min
Cuisson : 20 min

750 g de choux de Bruxelles
400 g de chipolatas
2 gousses d'ail
2 échalotes
4 cuil. à soupe d'huile d'olive
2 cuil. à soupe de moutarde
2 cuil. à soupe de miel
2 tiges de thym
Sel et poivre

Préchauffez le four à 200 °C (th. 6-7).

Lavez, enlevez les feuilles abîmées, puis coupez les choux de Bruxelles en deux.

Coupez les chipolatas en morceaux.

Épluchez et émincez l'ail et l'échalote.

Mélangez dans un bol l'huile d'olive, la moutarde et le miel.

Déposez dans un plat les choux de Bruxelles, l'ail, l'échalote et les chipolatas. Parsemez de thym effeuillé et du mélange au miel. Salez, poivrez et enfournez pour une vingtaine de minutes.

Vous pouvez aussi utiliser des chipolatas parfumées aux herbes de Provence.

Purée de panais et saint-jacques

Pour 4 personnes
Préparation : 10 min
Cuisson : 20 min

300 g de panais
300 g de pommes de terre
20 cl de lait
40 g de beurre
16 noix de saint-jacques
1 cuil. à café de zeste de citron vert râpé finement
2 branches de thym
Sel et poivre

Épluchez et coupez les panais et les pommes de terre en morceaux. Déposez-les dans une casserole, couvrez d'eau et faites cuire 15 minutes à couvert, puis égouttez.

Écrasez les panais et les pommes de terre au presse-purée, puis mélangez avec le lait tiède et 30 g de beurre. Salez, poivrez et réservez.

Faites chauffer le beurre restant dans une poêle à feu assez vif et faites-y dorer les noix de saint-jacques 2 minutes de chaque côté. Salez et poivrez en fin de cuisson.

Servez la purée dans les assiettes, déposez les saint-jacques par-dessus, parsemez le zeste de citron vert et le thym effeuillé, salez, poivrez.

Les panais étant parfois filandreux, vous pouvez les mixer au mixeur plongeant en insistant bien avant d'ajouter les pommes de terre et de finir au presse-purée. En revanche, ne mixez surtout pas les pommes de terre, votre purée deviendrait collante.

Topinambours et saucisses rôtis

Pour 4 personnes
Préparation : 15 min
Cuisson : 40 min

400 g de topinambours
400 g de pommes de terre
2 oignons
2 têtes d'ail
400 g de saucisses de Toulouse
2 branches de romarin effeuillées
2 branches de thym effeuillées
3 cuil. à soupe d'huile d'olive
Sel et poivre

Préchauffez le four à 190 °C (th. 6-7).

Lavez les topinambours, épluchez les pommes de terre et les oignons et coupez le tout en morceaux.

Coupez les têtes d'ail en deux.

Coupez les saucisses de Toulouse en morceaux.

Déposez les pommes de terre, les topinambours, les oignons et les saucisses dans un plat. Parsemez les herbes, arrosez avec l'huile, salez, poivrez et mélangez bien le tout.

Enfournez pour 30 à 40 minutes. Remuez au moins deux fois pendant la cuisson. Prolongez-la si nécessaire.

Vous pouvez utiliser d'autres saucisses pour cette recette mais dans ce cas, attention, si elles sont plus fines, comme des chipolatas, ajoutez-les dans le plat après 10 minutes de cuisson des légumes.

Riz sauté aux carottes et aux herbes du potager

Pour 4 personnes
Préparation : 15 min
Cuisson : 10 min

4 carottes
4 oignons nouveaux
30 g de beurre
1 cuil. à soupe curry en poudre
450 g de riz cuit
12 tiges de coriandre effeuillées
4 tiges de menthe effeuillées
60 g de cacahuètes grillées et salées
Sel et poivre

Pelez et râpez les carottes avec une râpe à gros trous. Épluchez et émincez les oignons finement.

Faites fondre le beurre dans une sauteuse et faites-y revenir les carottes et les oignons pendant 5 minutes à feu moyen, tout en remuant.

Ajoutez le curry, salez, poivrez et mélangez.

Ajoutez le riz cuit et faites sauter sur feu moyen en remuant régulièrement pendant 3 minutes.

Servez chaud, en parsemant de coriandre, de menthe et de cacahuètes hachées.

Si vous n'aimez pas la coriandre, remplacez-la par du persil plat, plus neutre en goût.

Mac & cheese aux haricots et au chou-fleur

Pour 4 personnes
Préparation : 15 min
Cuisson : 35 min

250 g de haricots verts
250 g de chou-fleur
300 g de macaronis
25 g de graines de courge
Sel

Pour la béchamel :
50 g de beurre
50 g de farine
50 cl de lait
150 g de comté râpé
Sel et poivre

Lavez et coupez les haricots verts en tronçons et le chou-fleur en bouquets.

Faites cuire les macaronis dans une casserole d'eau bouillante salée selon le temps indiqué sur l'emballage. Égouttez-les et réservez-les.

Faites cuire les haricots verts et le chou-fleur dans une casserole d'eau bouillante salée 5 minutes environ. Égouttez le tout. Hachez grossièrement le chou-fleur.

Préchauffez votre four à 200 °C (th 6-7).

Préparez la béchamel. Faites chauffer le beurre dans une casserole. Une fois qu'il a fondu, ajoutez la farine, laissez cuire en remuant 2 minutes. Versez le lait tout en fouettant. Laissez épaissir à feu doux 5 minutes en mélangeant. Ajoutez enfin les trois quarts du comté, salez, poivrez et mélangez bien.

Mélangez les pâtes, les haricots verts, le chou-fleur et la béchamel, dans un plat à gratin. Parsemez le fromage restant ainsi que les graines de courge. Enfournez pour une dizaine de minutes. Dégustez sans attendre.

Farfalle au kale

Pour 4 personnes
Préparation : 10 min
Cuisson : 25 min

180 g de chou kale
1 oignon rouge
1 gousse d'ail
300 g de pâtes type farfalle
1 cuil. à soupe d'huile d'olive
5 cl de bouillon de légumes
40 g de copeaux de parmesan
Baies roses
Sel et poivre

Pelez, puis émincez l'oignon. Pelez, puis hachez l'ail.

Faites cuire les pâtes dans une grande casserole d'eau bouillante salée selon le temps indiqué sur l'emballage. Égouttez-les et réservez-les.

Lavez le kale, puis émincez-le. Faites chauffer l'huile dans une grande sauteuse et faites-y revenir le kale, l'oignon et l'ail 5 minutes à feu moyen et à couvert.

Ajoutez le bouillon de légumes, salez, poivrez et laissez cuire à couvert 10 minutes à feu doux.

Mettez les pâtes cuites dans la sauteuse et mélangez bien pendant 1 minute. Servez et terminez en parsemant de copeaux de parmesan et de baies roses.

Si vous voulez une assiette plus généreuse, ajoutez des morceaux de saucisse de Toulouse rôtis.

Pâtes aux tomates cerises rôties

Pour 4 personnes
Préparation : 10 min
Cuisson : 20 min

400 g de tomates cerises
2 gousses d'ail
3 cuil. à soupe d'huile d'olive
350 g de spaghetti
4 tiges de basilic effeuillées
Sel et poivre

Préchauffez le four à 200 °C (th. 6-7).

Épluchez l'ail et écrasez grossièrement les gousses.

Lavez les tomates cerises et déposez-les dans un plat avec les gousses d'ail et l'huile d'olive.

Enfournez pour une vingtaine de minutes.

Faites cuire les pâtes dans une grande casserole d'eau bouillante salée selon le temps indiqué sur l'emballage. Égouttez-les, puis versez-les dans le plat avec les tomates cerises rôties.

Parsemez les feuilles de basilic grossièrement hachées, salez, poivrez et mélangez bien.

Servez sans attendre.

Vous pouvez ajouter de la feta avec les tomates cerises lors de la cuisson au four pour un résultat plus crémeux.

Pesto de basilic

Pour 4 personnes
Préparation : 10 min
Cuisson : 3 min

40 g de basilic frais
20 g de pignons de pin
1 gousse d'ail
40 g de parmesan râpé
6 cuil. à soupe d'huile d'olive
Sel et poivre

Faites torréfier légèrement les pignons dans une poêle à feu doux en les remuant régulièrement.

Pelez la gousse d'ail, puis hachez-la grossièrement.

Rincez, puis effeuillez le basilic et déposez les feuilles dans un mixeur. Mixez rapidement.

Ajoutez l'ail, le parmesan et les pignons, salez, poivrez et mixez tout en versant l'huile d'olive en filet. Ajoutez un peu d'huile si nécessaire.

Pour profiter pleinement de votre pesto de basilic, préparez-le à la dernière minute, sinon il va rapidement s'oxyder.

Œufs brouillés aux oignons nouveaux

Pour 4 personnes
Préparation : 10 min
Cuisson : 10 min

6 oignons nouveaux

12 œufs

2 cuil. à soupe d'huile d'olive

4 tranches de pain de campagne

6 feuilles de basilic

1 piment oiseau

8 fleurs de bourrache (facultatif)

Sel et poivre

Hachez les oignons nouveaux.

Cassez les œufs et battez-les en omelette dans un saladier, salez et poivrez.

Faites chauffer l'huile dans une poêle et faites-y revenir les oignons nouveaux, pendant 5 minutes en remuant régulièrement.

Ajoutez les œufs et remuez sans cesse 5 minutes environ à l'aide d'une spatule. Ajustez l'assaisonnement.

Toastez les tranches de pain au grille-pain ou au four.

Hachez ou déchirez très grossièrement le basilic. Coupez le piment en deux, enlevez les graines, puis émincez-le très finement.

Servez les œufs brouillés sur les tranches de pain de campagne. Répartissez dessus les fleurs de bourrache, le basilic et le piment oiseau. Dégustez sans attendre.

N'hésitez pas à mettre des gants quand vous émincez le piment, sinon le piquant va rester sur vos doigts longtemps et risque même de résister au lavage des mains.

Purée crunchy de courge butternut

Pour 4 personnes
Préparation : 15 min
Cuisson : 15 min

300 g de courge butternut
300 g de pommes de terre à purée
2 cuil. à soupe de crème fraîche
4 tiges de persil plat
30 g de croûtons à l'ail
2 cuil. à soupe de graines courge
2 cuil. à soupe de parmesan râpé
Sel et poivre

Épluchez la courge, puis coupez-la en morceaux.

Pelez et coupez les pommes de terre en morceaux.

Mettez les légumes coupés dans une cocotte et couvrez-les d'eau. Portez à ébullition et laissez cuire une douzaine de minutes. Égouttez et passez au presse-purée.

Ajoutez la crème, salez, poivrez et mélangez.

Hachez grossièrement le persil, les croûtons et les graines de courge et mélangez avec le parmesan.

Servez la purée parsemée de ce mélange croustillant.

Pour une version plus gourmande, vous pouvez ajouter des copeaux de bacon juste dorés à votre purée.

Navets sautés à l'ail et au persil

Pour 4 personnes
Préparation : 10 min
Cuisson : 30 min

800 g de petits navets
2 cuil. à soupe d'huile d'olive
2 cuil. à soupe de miel liquide
4 tranches très fines de jambon de Bayonne
2 gousses d'ail
6 cuil. à soupe de chapelure
4 tiges de persil plat
30 g de parmesan râpé
Sel et poivre

Lavez, puis coupez les navets en deux ou en quatre selon leur taille. Faites-les ensuite cuire dans une grande casserole d'eau salée pendant une dizaine de minutes après ébullition.

Préchauffez le four à 210 °C (th. 7).

Égouttez les navets, puis remettez-les dans la casserole. Ajoutez 1 cuillerée à soupe d'huile d'olive et le miel liquide, mélangez bien, puis étalez-les sur une plaque de four. Enfournez pour une quinzaine de minutes.

Taillez les tranches de jambon en lanières.

Épluchez l'ail et passez-le au presse-ail. Mélangez-le avec la chapelure. Faites chauffer l'huile d'olive restante dans une poêle, puis ajoutez le mélange de chapelure et d'ail. Faites dorer le tout rapidement. Retirez du feu, puis ajoutez le jambon, poivrez et mélangez.

Hachez le persil.

Servez les navets dans les assiettes, répartissez par-dessus le contenu de la poêle, puis le persil et le parmesan. Dégustez sans attendre.

Si vous avez du vieux pain bien sec, n'hésitez pas à l'utiliser à la place de la chapelure en le râpant avec une râpe à gros trous.

Aubergines au miel

Pour 4 personnes
Préparation : 15 min
Cuisson : 20 min

2 grosses aubergines
4 cuil. à soupe de pistaches
5 tiges de coriandre
6 cuil. à soupe d'huile d'olive
45 g de miel liquide
90 g de graines de grenade fraîches
Sel et poivre

Pour la sauce :
1 cuil. à soupe d'huile d'olive
½ cuil. à café de harissa
5 cuil. à soupe de pulpe de tomate

Hachez grossièrement les pistaches et la coriandre. Lavez, puis coupez les aubergines en cubes.

Faites chauffer l'huile d'olive dans une grande poêle. Mettez-y les aubergines, salez, poivrez et mélangez. Faites-les revenir à feu assez vif une quinzaine de minutes en remuant régulièrement. Elles doivent alors être cuites et bien dorées.

Versez le contenu de la poêle sur une plaque recouverte de papier absorbant. Une fois l'huile en surplus absorbée, mettez les aubergines dans un saladier. Versez le miel et mélangez.

Préparez la sauce. Faites chauffer l'huile d'olive et la harissa dans une petite casserole. Ajoutez la pulpe de tomate et laissez épaissir 2 à 3 minutes en remuant régulièrement.

Versez la sauce sur les aubergines.

Servez les aubergines parsemées des graines de grenade, des pistaches et de coriandre.

Ces aubergines sont délicieuses chaudes, mais peuvent aussi être dégustées froides en salade !

Poêlée crémeuse de porc au brocoli

Pour 4 personnes
Préparation : 10 min
Cuisson : 30 min

450 g de brocoli
1 oignon
2 gousses d'ail
90 g de poitrine fumée en tranches fines
450 g d'échine de porc
20 g de beurre
4 branches de thym
20 cl de crème liquide
Sel et poivre

Détaillez le brocoli en petits bouquets. Épluchez l'oignon et l'ail et émincez-les. Coupez la poitrine de porc en petits carrés et l'échine de porc en cubes.

Faites revenir dans une poêle chaude la poitrine jusqu'à ce qu'elle soit dorée en remuant régulièrement. Réservez.

Faites fondre le beurre dans la poêle pour y faire dorer l'échine de porc pendant 3 minutes en remuant régulièrement. Ajoutez l'ail, l'oignon et le thym. Salez et poivrez. Laissez cuire à feu moyen une dizaine de minutes.

Ajoutez le brocoli et laissez cuire 5 minutes à couvert à feu moyen en remuant régulièrement.

Ajoutez la crème et la poitrine de porc, mélangez et prolongez la cuisson de 3 minutes.

Trifle aux fraises

Pour 4 personnes
Préparation : 20 min
Cuisson : 10 min

300 g de fraises

2 cuil. à soupe de pistaches émondées

8 biscuits de type boudoirs

Pour la crème anglaise :

25 cl de lait

4 branches de thym

2 jaunes d'œufs

45 g de sucre en poudre

1 cuil. à café de fécule de maïs

Pour la chantilly :

20 cl de crème liquide entière bien froide

50 g de mascarpone

30 g de sucre glace

Préparez la crème anglaise. Versez le lait dans une casserole, ajoutez le thym et portez à ébullition. Faites blanchir les jaunes d'œufs, le sucre en poudre et la fécule en les fouettant dans un grand saladier. Retirez le thym de la casserole, puis versez le lait dans le saladier tout en continuant de fouetter. Reversez la crème dans la casserole. Faites épaissir à petit feu en remuant régulièrement avec une spatule. Attention, il ne faut pas faire bouillir la crème. Versez dans un bol et laissez refroidir.

Hachez grossièrement les pistaches. Cassez les boudoirs en morceaux.

Lavez, séchez, équeutez les fraises, puis coupez-les en deux ou en quatre.

Préparez la chantilly en fouettant ensemble la crème, le mascarpone et le sucre glace.

Montez vos desserts en déposant dans quatre verres et dans cet ordre : de la crème anglaise, des boudoirs, des fraises, de la chantilly. Terminez en parsemant les pistaches. Vous pouvez décorer vos desserts avec des branches de thym.

Vous pouvez utiliser de la crème anglaise toute faite. Dans ce cas, réchauffez-la au micro-ondes, puis mélangez-la avec le thym et laissez infuser jusqu'à ce qu'elle refroidisse.

Cookies à la courge et pépites de chocolat

Pour 4 personnes
Préparation : 10 min
Cuisson : 15 min

100 g de beurre mou
120 g de sucre en poudre
210 g de purée de courge (voir recette ci-dessous)
1 œuf
200 g de farine
1 cuil. à café de levure chimique
150 g de chocolat noir
90 g de cerneaux de noix

Préchauffez le four à 180 °C (th. 6).

Mélangez dans un saladier le beurre et le sucre. Ajoutez la purée de courge et l'œuf.

Ajoutez la farine et la levure et mélangez pour avoir une pâte homogène.

Hachez grossièrement le chocolat et les noix, puis incorporez-les à la pâte à cookies.

Déposez des boules de pâte à cookies à l'aide d'une grosse cuillère sur une plaque recouverte de papier cuisson en les espaçant bien. Enfournez pour 15 minutes environ en surveillant la cuisson.

Laissez tiédir avant de transvaser les cookies sur une grille pour les laisser totalement refroidir.

Purée de potimarron

Lavez et coupez 250 g de potimarron égrainé en cubes, pas la peine d'enlever la peau. Faites-les cuire à la vapeur puis faites rapidement sécher les cubes dans une casserole à feu doux en remuant régulièrement. Mixez finement.

Vous pouvez utiliser une courge musquée, du potiron ou encore de la courge butternut pour cuisiner ces cookies.

Tarte à la rhubarbe

Pour 6 à 8 personnes
Préparation : 15 min
Cuisson : 45 min

600 g de rhubarbe
1 rouleau de pâte sablée
180 g de sucre en poudre
5 cl de jus d'orange
150 g de beurre mou + un peu pour le moule
90 g de poudre d'amandes
2 œufs
60 g de farine + un peu pour le moule
½ cuil. à café de levure chimique

Couvrez un moule de 26 cm environ beurré et fariné avec la pâte sablée, puis piquez le fond à la fourchette.

Pelez et coupez la rhubarbe en tronçons de 1,5 cm de longueur environ.

Versez dans une casserole 60 g de sucre en poudre et le jus d'orange, faites chauffer à feu moyen et, quand le liquide arrive presque à ébullition, ajoutez la rhubarbe. Remuez bien et poursuivez la cuisson pendant 3 minutes.

Retirez la rhubarbe et laissez-la refroidir. Baissez le feu et laissez le jus sur le feu jusqu'à ce qu'il devienne sirupeux.

Préchauffez le four à 180 °C (th. 6).

Versez dans un saladier le sucre en poudre restant, le beurre, la poudre d'amandes, les œufs, la farine, la levure chimique, mélangez le tout jusqu'à obtenir un mélange homogène. Ajoutez ensuite la rhubarbe, gardez-en un peu pour répartir sur la tarte.

Versez le contenu du saladier sur le fond de tarte, ajoutez dessus la rhubarbe réservée. Enfournez votre tarte pour une trentaine de minutes.

Servez la tarte en l'arrosant d'un peu de sirop.

Si vous avez quelques framboises et quelques feuilles de menthe au potager, n'hésitez pas à les parsemer sur la tarte au moment de la servir.

Sirop de queues de fraises

Pour 6 à 8 personnes
Préparation : 5 min
Cuisson : 20 min

80 g de queues de fraises avec un peu de chair
80 g de sucre en poudre
1 cuil. à soupe de jus de citron
15 cl d'eau

Lavez les queues de fraises. Mélangez tous les ingrédients dans une casserole et portez à ébullition.

Laissez cuire 15 minutes à petits bouillons.

Filtrez le sirop en le passant au chinois et versez-le dans une bouteille en verre.

Laissez refroidir complètement avant de le stocker au réfrigérateur.

Ce sirop se conserve quelques jours au réfrigérateur. Vous pouvez vous en servir comme un sirop classique à diluer avec de l'eau ou de la limonade, ou pour sucrer vos desserts.

Sirop de menthe du potager

Pour 4 personnes
Préparation : 5 min
Cuisson : 25 min
Infusion : 24 h

300 g de feuilles de menthe
600 g de sucre en poudre
60 cl d'eau

Lavez la menthe, puis hachez les feuilles très grossièrement.

Versez le sucre et l'eau dans une casserole, portez à ébullition, puis baissez à feu doux en remuant régulièrement jusqu'à obtenir une consistance de sirop.

Retirez la casserole du feu, ajoutez la menthe et remuez bien pour que les feuilles soient recouvertes de sirop. Couvrez la casserole et laissez infuser 24 heures au réfrigérateur.

Filtrez, puis mettez en bouteille. Conservez au frais.

N'hésitez pas à réduire les quantités et à en préparer plus régulièrement, les sirops maison ne sont jamais aussi bons que peu de temps après leur préparation.

Notre infusion aux herbes

Pour 4 personnes
Préparation : 5 min
Infusion : 5 min

6 branches de thym
4 petites tiges de verveine
4 tiges de menthe
75 cl d'eau
1 cuil. à soupe de miel liquide
1 cuil. à soupe de jus de citron

Lavez toutes les herbes. Effeuillez la verveine et la menthe.

Déposez toutes les herbes dans une théière. Portez l'eau à ébullition, puis versez-la dans la théière. Ajoutez le miel et le jus de citron et mélangez bien.

Laissez infuser 5 minutes avant de déguster.

Si vous voulez une infusion plus tonique, ajoutez en même temps que les herbes 5 tranches de gingembre frais épluché.

Index alphabétique des recettes

Photographies Adobe Stock

coco p. 6, 46 / Olesia Sarycheva p. 8 (g) /Juver p. 8 (d) / coulanges p. 12 / Olivier-Tuffé p. 13, 50 / Maksims p. 17 / alter_photo p. 18 / Roberto Zocchi p. 19 / naffarts p. 20 / Picture News p. 21, 48 / Caterina Trimarchi p. 22 / L.Bouvier : p. 23, 24, 28 / Olha Afanasieva p. 25 / beerfan p. 29 / NOBU p. 30 / New Africa p. 31 / sirirak : p. 32 / encierro : p. 33 / minicel73 : p. 34 / Viktoriya : p. 35 / SiRO : p. 36 / seszka : p. 37 (g) / FABIEN : p. 37 (d) / evano p. 38 / La Huertina de Toni p. 39 / gohdafunk p. 42 / Paul Maguire p. 43 / gilmart : p. 44 / Patryssia : p. 45 / AlexQ : p. 47 / zayatssv p. 49 / kazoka303030 p. 51 / diyanadimitrova p. 52 / hcast : p. 53 / V.R.Murralinath p. 56 / rodimovpavel p. 57 / beataaldridge p. 58 / andersphoto p. 59 / Elroi p. 60 / seva_blsv p. 62 / eurobanks p. 63 / iMarzi p. 66

Remerciements

Le mot de Valérie

Mes premiers remerciements s'adressent évidemment à Dorian, qui m'a fait découvrir cet univers passionnant de l'édition, et permis de concrétiser un projet qui traînait au fond de nos tiroirs.

Je dédie ce livre à mes enfants Noaïm et Nahel, qui sont une source d'inspiration au quotidien et qui sont d'un soutien sans faille dans ce que j'entreprends. Merci à mon mari, Moustapha, toujours présent pour moi.

Merci également à ma maman, Reine, de m'avoir transmis sa passion pour la cuisine et le jardinage. Et merci à mes tantes, mes oncles, mes cousins et mes cousines d'aimer se réunir autour de la préparation de bons repas. Chez nous, la cuisine est vraiment une affaire de famille !

Je remercie Lucyna, Marie et Simon pour leur précieuse aide, ainsi que les éditions Solar de m'avoir donné l'opportunité de partager avec vous un bout de mon univers.

Enfin, merci à vous, lecteurs, et vous, abonnés, qui suivez mes aventures gourmandes sur les réseaux sociaux, pour vos encouragements et votre soutien.

Le mot de Dorian

Merci à Valérie de m'avoir accompagné avec son énergie et sa bonne humeur dans cette aventure dont nous parlions depuis un moment maintenant. Et à sa famille de m'avoir accueilli dans leur potager et leur cuisine !

Merci à Marie de m'avoir supporté, dans tous les sens du terme, pendant ce nouvel ouvrage, et d'avoir avec le reste de la famille dévoré tous les plats que nous avons préparés.

Retrouvez les recettes de Dorian et Valérie sur leurs sites :
https://www.marciatack.fr/
http://doriancuisine.com/
et sur Instagram @marcia_tack @doriancuisine.com.leblog

Directeur éditorial : Didier Férat
Édition : Diane Monserat
Graphisme : Julia Philipps
Photogravure : Chromostyle
Fabrication : Laurence Duboscq

92, avenue de France, 75013 Paris

ISBN : 978-2-263-18325-6
Code éditeur : L18325
Dépôt légal : mars 2023
Imprimé en France par Estimprim